國鍵文集

第五輯

宗教

潘國鍵著

BA, DipEd, MA, MPhil, MEd, PhD

Second Edition
Feb 2019

Published by
The SenSeis 尚尚齋
Toronto
Canada
www.thesenseis.com
publishing@thesenseis.com

ISBN 978-1-7753566-9-1

褒褒貶貶，俱還天主;
是是非非，盡化色空。

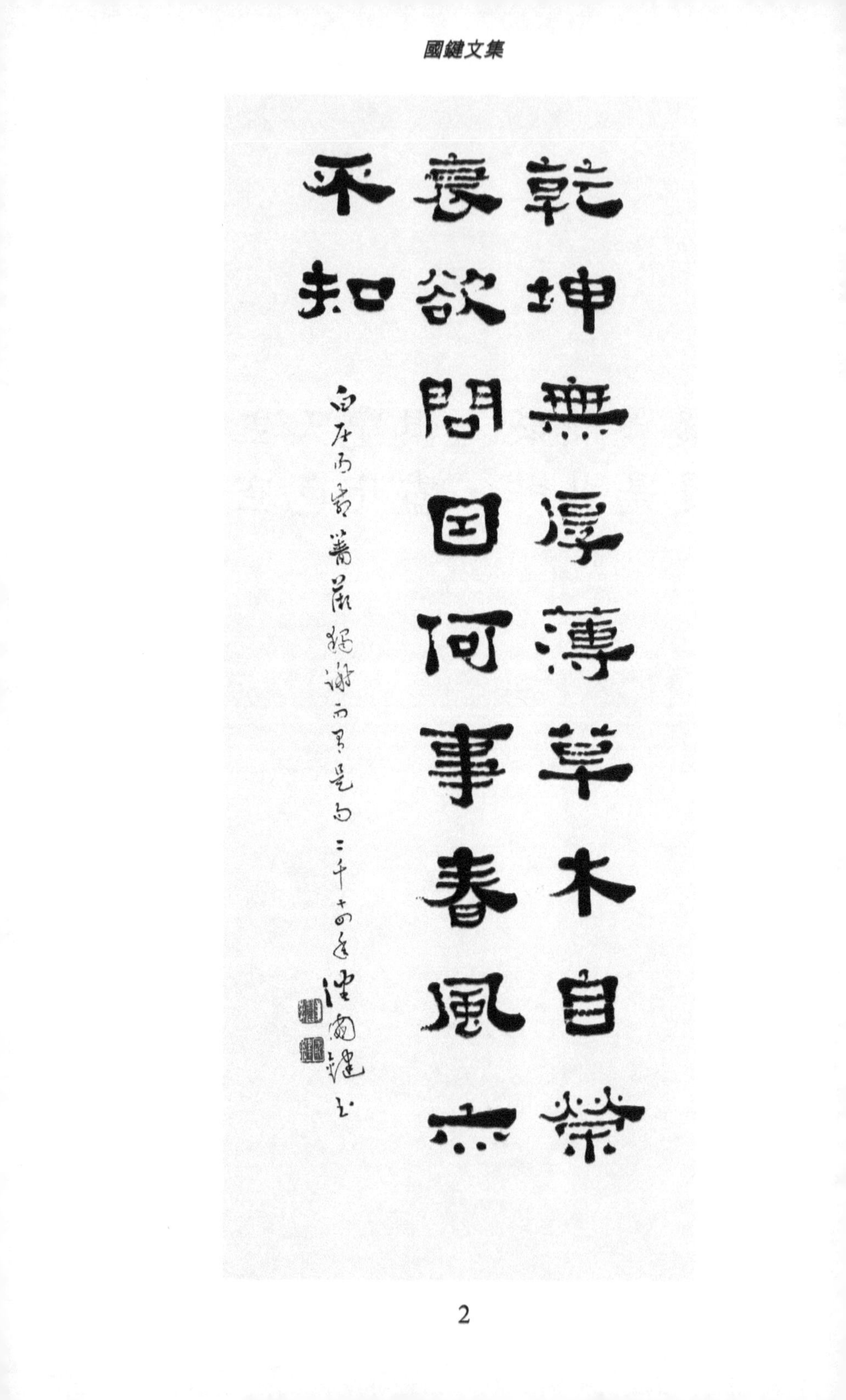

乾坤無厚薄草木自榮衰欲問因何事春風亦不知

國鍵文集　第五輯　宗教
目錄

序

浮生若寄，彈指便一甲子。年達耳順，獨眼漸盲。筆耕之業，恐亦去緣盡之期不遠。今幸得內子曾佩鑾相助，終集成此書。共分五輯，曰「時評」「教育」「生活」「書畫」「宗教」，大多爲曩日發表於香港《華僑日報》（1984年1月至1990年5月）、《明報》（1992年1月至1995年6月），及加拿大之《時代周報》（1988年1月至6月）、《明報》（1997年4月至2002年8月）與《星島日報》（2003年2月至2005年11月）等近千篇之舊作，聊算半生學術寫作以外胡扯瞎吹之小結。褒褒貶貶，俱還天主；是是非非，盡化色空。苟能稍益於眾，此生殆無憾矣。

二零零八年五月眇人潘國鍵自序於加拿大多倫多市如心齋寓。

神殿本清淨

搞宗教事業，困難多多。在多倫多，教堂要自負盈虧。錢從何來問句天。

要搵錢，不能單靠零星的奉獻。在教堂內外做點小買賣，未必不是良方。不過，宗教上的聖潔心和商業上的牟利心，卻又不一定可以兼容。

修養靈性，抵抗魔鬼物慾，上上的方法是煅使自己的身體捱苦，粗衣糙食，做中世紀的苦行僧(friar)。可惜今天肯爲宗教犧牲物質生活的人愈來愈少。花花世界，物質的引誘愈來愈大，稍一不慎，便過火位。

在神的地方大做生意，當然也不是新事物。《聖經》記載，主耶穌基督就曾因耶路撒冷聖殿殿院內的各種買賣勾當而動了真火，「把在殿院裏的買賣人趕出去」，火滚到「把錢莊的桌子和賣鴿子的凳子推翻」（新約「馬爾谷福音」十一章十五節）。神殿乃祈禱之地，何解「竟把它作成了賊窩」？

把神殿當作做生意的「賊窩」，當然不限於西方。在中國，孟元老《東京夢華錄》卷三「相國寺內萬姓交易」，也記述了北宋汴京相國寺每月五次開放給市民做各種買賣的墟冚場面。其中最令人側目的，是近佛殿有孟家道院的王道人賣蜜煎，寺院兩廊「諸寺師姑賣繡作、頸鍊、花朵……」。道人尼姑，都是出家人呢，何故公然在神寺裏面幹搵銀的俗務？可不怕玷污佛門清淨地嗎？

都二千年了，靈慾之問，繼續徘徊掙扎。既要傳道，又要維生。宣教事業，唉，實在艱難。

(2001-02-21)

不聽佛言自招惱

《六祖壇經》，佛家寶典。其中最能打動國鍵者，乃一個「念」字。菩提自性，本來清淨。問題總出自一念之間：———「前念著境即煩惱，後念離境即菩提」。人世事物，頃間皆空。若然念掛不放，徒然自生煩惱，實情虐待自己。是以「一念悟時，眾生是佛」「般若三昧，即是無念」。無念便是無所著，便是菩提，便是佛界。

所謂無念，並非叫人不思考，而只叫人不要記藏於心。正是過眼雲煙，境俱鏡照。人心佛心，有如鏡子。萬物雖在鏡中呈現，但鏡中本無萬物。物離鏡空，來去無痕。在鏡中死執著於物，是謂「染著」，是謂「執迷」，是謂「執心」。心若不染著，便是境去念亡，無所罣礙。什麼叫是，什麼叫非，一切皆因念起。心念不起，則萬境不染。境既不存於心，心亦脫離了境。沒有了境，又何來生滅呢？

摩訶（大）般若（智慧）之所以大，因其無方圓、無大小、無是非、無善惡。自性（佛性）真空，心量廣大，無所不容。由於無所不容，是以常得自在。如是即達「波羅蜜」（《壇經》：唐言到彼岸，解義離生滅）。

國鍵凡夫，了無慧根。是非善惡，猶甚執著；悲歡離合，未稍破迷。悠悠我念：念天地之不仁，念人世之倉促；念老伴之健康，念兒途之未卜……。「憎愛不關心，長伸兩腳臥」？恕我未能辦得到。佛言：「隨所住處恆安樂」，講下就得。區區迷愚一個，器量狹淺。老來且愈發嘮叨，天天自虐。冇得救。

(2001-02-22)

超凡脫俗始通神

頗多史家認爲，「史出於巫」。那就是說，歷史記述，在中國來說，乃源自上古巫祝的祭祀活動，亦即因宗教崇拜而來。其實，除了歷史之外，諸如舞蹈、音樂，甚至繪畫、彫刻、造像，又何獨不然? 宗教之推動文藝，大矣哉。

中國如此，西洋恐非例外。歐洲就算在反對宗教縛束而人文主義色彩濃厚的文藝復興時代（Renaissance，14－16 Century），偉大藝術家的驚世作品，例如米高朗治奧（Michelangelo）在Sistine教堂畫的「人類之創造」（The Creation of Man），達芬 奇（Leonardo Da Vinci）在米蘭Santa Maria delle Grazie教堂畫的壁畫「最後的晚餐」（The Last Supper），都離不開以宗教爲題目。

在咱中國，公元八世紀大唐玄宗時代，也早有了一位絕世畫師吳道玄（道子）。他畫的丹青，與斐旻的「舞劍」、張旭的書法，合稱當時之「三絕」。

而吳道玄最足爲人稱許的，亦以他在寺院繪的壁畫爲多。據唐代朱景玄寫的《唐朝名畫錄》，吳道玄所畫人物、佛像、神鬼、山水等等，俱「國朝第一」。文中且引《兩京耆舊傳》，謂吳道玄在寺觀中所繪壁畫，例如慈恩寺的「文殊」、「普賢」像，景公寺（景雲寺? ）的「地獄壁」等等，「皆妙絕一時」。

朱景玄且親耳聽過景雲寺的老僧說，吳道玄在寺中所畫「地獄變相」（拙案，「變相」乃佛經故事畫，頗若今之連環圖），京城裏宰屠之輩，「見之而懼罪改業者，往往有之」，因之轉行修善去了（四川美術出版社，八五年，頁三一四）。吳道玄的大名，就此成了不朽。

今日呢? 咱同胞喜愛的每多是「長壽」（松）、「利市」（荔枝柿子）、「富貴」（牡丹）圖。凡俗心太重，又如何畫得曠世神品?

(2002-01-25)

以身作則

望彌撒，神父說，一個好的天主教徒，毋須急急 勸人信教，只要自己能以身作則，讓人看清楚天主教徒內心的美善，那已經是大大的功德。一語而茅塞頓開， 醍醐灌頂。

宗教潔人靈魂，導人皈主向善。聖靈在心，了無邪念，行爲自然便光明磊落，律已恕人，活得安樂。這一種在日常生活中心靈流溢出來的滿足與和樂，自然產生一種感染力，直接影響周遭的親朋戚友，使之認識天主（上帝）的大能。這較諸喊幾萬句「信主得救」，更爲有效。

國鍵年輕時，對宗教信仰頗爲抗拒。原因正是，身旁有一兩個信教的同學，言行甚不一致。天天談耶穌，背裡的行爲卻是背離主道，──默書「出貓」啦、在老師面前瞪著眼講大話啦、亂搞男女關係啦……，唉，信教信到這般田地，還不如多談咱中國儒道聖賢的天地良心，來得乾淨。

宗教正道，都重視以身作則的。幼時在澳門慈幼學校唸書，神父們不但都學識淵博，內心且比神父袍還更潔白。看見他們終身事奉天主，生活刻苦儉樸，無怨無私，愛物恕人，超俗脫凡，其中展現的道德和精神的強大力量，對國鍵心靈之震撼，於今猶記。

所以，偉大的宗教力量不全來自聖經寶典，也絕不來自傳道人的口若懸河，而大多來自奉教者有諸內而形於外的高尚的宗教情操。教徒作惡，當比非教徒者罪加幾等。因爲，他不但毀滅了自已，還敗壞了人們對於該教的信念，實在孽上加孽。

佛曰：「諸惡莫作，眾善奉行。」宗教講的都是贖世心、慈悲念。言詞乖戾滿心怨毒而能弘法者，我未之見也。

(2002-02-28)

慈悲救世中西同

在西方社會生活，當須了解一下西方文化。想接觸西方思想文化，本不太難。現代西方文化既建基於基督教（Christianity），則暇時多往聖堂坐一坐，聽聽神父、牧師講道，對西方人的價值觀，自然增添理解。

所以，去聖堂聽道理，倒不必純因慕道信教。猶如多城洋人之往湛山寺、佛光寺，目的也不外乎想看看，什麼叫做中國文化。

聽得多了，也不難發現，中西宗教文化精神，殊途同歸，也不外是向善離惡。文化雖異，人性本一。基督教之與儒釋，同樣以仁愛爲實，以寬恕爲用，以遷善爲本。

對於「神」之本性本體，雖則彼此各有不同，例如基督教相信宇宙未有之先，天父（上帝）已自存在。人生在世，唯賴天父之救恩，以天堂永生之盼望，方可克服疾病與死亡；儒學則主張「敬鬼神而遠之」、「未知生焉知死」，對鬼神這一回事，採取了較爲淡然的態度；佛學則認爲本體盡是空無，以無生來解脫有死。我佛慈悲，願度一切執迷善眾，祈同登「心無罣礙」的極樂彼岸。

大家抱持的，都是愛心，都是救世。

國鍵居加無聊，身體不復當年壯，不幸也步了唐宋士大夫晚年的後塵，慌生慌死。唐人以敲經唸佛度餘歲，我呢？在此西洋社會，選擇了去天主堂。

(03-03-28)

順應時俗

社會天天在變，除了某些道德標準之外，其他倒無妨從俗。羅馬天主教廷對教義的詮析，向甚嚴謹，但對於耶穌聖像，卻一樣曾隨社會而變。

耶穌道成肉身，亦神亦人。公元十世紀前，人們信賴權威，耶穌肖像，遂亦繪畫成莊嚴肅穆、頭戴皇冠、具有無倘權威的末日審判者。其時，基督教藝術，或多或少在迴避耶穌原係生於伯利恆馬槽、死於受難地（Calvary）刑架的卑微木匠之子。因爲，當日人們追求的，不是人權，而是皇權。

隨著社會轉變，人文主義萌芽。人性人情，逐漸獲得認許和肯定。公元十二世紀之後，不難發現，基督聖像在人性方面的描畫，也日漸加強。祂頭上那頂金光耀目的皇冕，漸給改作爲荆織刺肉的茨冠。十字架上祂那木無感情的聖軀，也給畫成因受釘苦痛而抽扭（參Lynn White Jr.,《Science and the Sense of Self：The Medieval Background of a Modern Confrontation》，載《Limits of Scientific Inquiry》，p.52）。 這，是十四世紀歐洲文藝復興的前奏。

守舊如羅馬天主教會，仍曉得傳教宣道，不能脫離民俗，不能違反人情。祇憾世上那少撮頑塞之徒，才會自閉斗室，抱殘守缺，還自誇「正俗」。

（03-07-11）

十字街頭

世間有神抑無神？國鍵陋儒，曾處十字街頭。純用感性去探究，則容易流於文藝，未易得實。若純用理性來推敲，則又怕過份信賴理性，易墮入理性萬能的網羅。此正十三世紀巴黎主教們之告戒那僅知理性的巴黎大學諸教授：天主能力無限，且莫談祂能做什麼、不能做什麼（參 Lynn White Jr.,見拙欄 7 月 11 日，p.51）。

大哲學家如阿里士多德（Aristotle），殊不相信神創萬物，也不相信永生（immortality）靈魂。宇宙之中，沒有自由，沒有選擇，沒有道德，也沒有邪惡(仝上，p.50)。花開花落，花謝花發，循環不息，很有咱老莊思想的味道。正道天若有情天亦老，宇宙本是無情物，又何來是非對錯？又何來善惡獎罰？

古希臘羅馬時之神話，也不過眾神（gods）共處，彼此同在腐朽消亡的自然循環中更替。歷史進程，猶如麻將四圈打完，大可重新來過。人們趨向信奉「我是自有者」的一神（Sole God）天主，恐怕還是耶穌降生建立 基督教會之後，也不過是近二千年的事。而據基督教《聖經》的創世故事，此神喜善厭惡，具有感情。只要祂一發怒，烈火洪水，足可滅世。

無神？多神？一神？各安所信。最痛苦的，倒還是那信與不信之間。

（03-07-18）

雙重標準？

對基督徒言，婚姻極其莊嚴神聖。天主教「七件聖事」，婚姻其一。一男一女步入教堂，站在十字架前，向天主立下至死不渝的盟誓：從今結爲夫妻，相親相愛，甘苦與共，患難相扶……。神父祝聖，婚禮完成，從此便成了「凡天主所結合的，人不可以拆散」（瑪 19：6）的一對。

天主教絕不容許離婚。因爲離婚不單違背耶穌基督的聖訓，即凡休妻另娶或棄夫另嫁的，都是「犯姦淫」之罪（谷 10：11—12）。且也失信天主，破壞向配偶所曾許下的承諾。如此背信犯誡、冒瀆神靈的「拆散」，罪大惡極。無怪十六世紀英王亨利八世和二十世紀的皇儲查理斯，就想起也覺頭大。

婚姻的本質，情愛之餘，尙有組織家庭、養育子女。破壞婚姻，就是破壞家庭，沒有背起對配偶和子女應負的責任。由此而衍生出來的例如「單親家庭」等問題，對社會和下一代所構成的災害，未必比基督徒所反對的同性婚姻爲少。

所以，某華人基督教團體登報大力抨擊同性婚姻，指其違反教義、破壞社會、遺禍下一代的同時，be fair，對那些搞離婚、沒好好教養孩子的一切基督徒與非基督徒，與及那容許離婚的法律，都應該一併揪出來公開地狠狠的加以鞭撻。否則同性戀者必不服氣。

(03-10-24)

吾心不動自平安

多市大停電，繁華璀燦轉成空，人心不免躁煩。倒令人想起六祖惠能的一則故事：六祖往廣州法性寺，時有大風吹動了旗旛，一僧說這是風動，別一僧說這是旛動，議論不休。惠能進說：「不是風動，不是旛動，仁者（你們）心動。」（《六祖壇經》行由品第一）蓋一念不生，萬緣俱寂。心中若是無念，何來風動？何來旛動？

風吹旛動，由於心動；電停夜黑，由於心黑。蓋內心若是菩提，如如不動，則外間是黑是光，都不會影響情緒；是順是逆，也不會晃動吾心。由是學佛之人，就算顛沛流離，都能歡喜自在，保持著內心的安靜。

心安是福。恆久的心安來自精神的安靜，不來自物質（色相）的滿足。一旦受了物慾束縛，便必天天患得患失，沒了清淨。所以，抬隻燒豬去拜佛，求佛祖賜以金銀滿屋，顯然不是佛教的本旨。

天主教講的福，亦然。人若放棄物質享樂，追隨基督 ，愛人助人，甘於受苦，則天主必賜以永恆的平安和愉悅。平安，當然不會是出街唔遇賊劫的那種「出入平安」，而實是無論是苦是甜，是禍是福，內心總處於無限安樂的恬靜狀態。此之謂——「真福」。

發生停電，佛曰因緣。在天主教來說，則天主自有意旨。能因之而悟得人生真諦，自非了無得著。

(03-11-10)

至緊要──「定」

儒佛相通，愚意以爲，在乎「定」「靜」。

儒經《大學》：「知止而后有定，定而后能靜。」據朱熹注，做人能知道至善（止）之所在，便可「志有定向」；有了定向，自然就「心不妄動」，安安靜靜。

儒家這「定」「靜」之義，正給與佛教融合中國儒道文化的好台階。佛教「中國化」成功，此「定」此「靜」，實在功不可抹。

無他，佛學修行，原來同樣主張定和靜。「定」者，乃「心定止於一境而不散動」（《佛學詞典》，香港菩提學社，出版年代缺）。其義正合儒學所謂「知止而后有定」。而佛家之「靜」者，例如「靜力」「靜智」「靜慧」之「禪定」，其意亦在靜絕煩惱、安安靜靜。既定且靜，故曰「禪定」。「禪」字，本乃梵語「禪那」省略。以意譯之，「靜慮」是也（仝上）。是則佛家「禪靜」，實與儒家之「心不妄動」相通無疑。

當然，佛學之「一境」，乃係「一念不生，萬緣俱寂」，與儒家之求人生大同至善，終究有異。然而，在人生修爲上彼此同奉「定靜」爲圭臬，則是無大分別的。

這，當也不是什麼高深的道理。小學還沒唸完的油尖旺「蟲惑仔」金毛強，逢「劈友」或被劈時，也懂得了喊句：──淡定，有錢剩！

儒義佛理，充塞乎天地。

(03-12-22)

神父結婚？

神父可否結婚，是近年天主教的一個熱門話題。投身教會志願做神父的，愈來愈少。面對後繼無人的困局，容許神父結婚，看來是權宜之計。

基督新教蓬勃發展，也許與牧師可以結婚有點關係。但是，天主教和基督新教在組織和教理上不盡相同，神父若效法牧師成家立室，在實行上不無困難。

天主教晉鐸而爲神父的，多少抱了殉道的精神。連性命也獻了給基督，要斬斷俗世情慾，又有何難？風月情債，家庭瑣事，兒女顧慮，固足影響牧民工作，也容易分散精神，難以全心全意全靈全力的奉事天主。且教會之內無私產，神父結婚，如何處理神父與教會之間、神父與妻子之間的財物膠葛，相信並不容易。他日若然搞離婚，問題就更大了。

從教義看，則神父晉鐸，在精神上已與教會成婚，從此終身事奉。紅塵慾念，早隨基督釘死十字架上。沒有六根清淨的心志，沒有捨慾隨靈的聖召，沒有完全犧牲自我的偉大人格，去做神父看來也沒甚意義。就勉強做，也容易流爲神棍。

宣傳耶教，救活靈魂，畢竟是一種超越世慾的神聖工作。若然沒有使命感，萬莫接受。佛教寺院，和尙尼姑，千百年來都是獨身的，又唔見佛教因此式微了？是知今日天主教之不振，未必與神父沒結婚權的教規有大關連也。

(04-03-22)

祭天權

中國封建社會，天子才有祭天的權利。閣下平民，祇能祭祖。

漢世《西岳華山廟碑》：「天子祭天地山川。」據今人袁維春的解述，其義本出《曲禮》：「天子祭天地，祭四方，祭山川，祭五祀。」亦即遠自三皇五帝至於秦代，四時獻祭天地，屬於天子獨有的特權（參《秦漢碑述》，北京新華，九零年，pp.278-9）。

由於古來天子獨享祭天的權利，因此歷代君主，幾無不順理成章的成了「獨一無二之大祭司」，亦即「獨私其天」，天乃天子所私有（參何世明《基督教與儒學對談》，基督教文藝，八六年，p.5）。如此集治權神權於一身，不難引伸謂天子貴冑皆天帝親裔，都從天庭降世管治人間。所謂「天子」，天帝之子也。祭天，當然也就祇能由天子來主持。

於是，封建社會王冑之與平民，無論身前身後，早注定各有各路。帝族崩薨，哀號「歸天」；黎民與天無親，死後俱「赴黃泉」。人生的最後歸宿，是天庭還是地府，請查族譜。若證體內流有半點帝王血，可恭喜你啦！

小說《紅樓夢》賈寶玉、林黛玉，《帝女花》長平公主和駙馬周世顯這等貴室，都來自仙界。故事結局，自也必是並返天庭。凡夫若你，讀時切莫過份代入。血無半滴blue，想見天帝乎？哈哈，休想！

(04-04-16)

「她帶來了愛」

多倫多華裔小女童絲茜妮亞被擄殺，震慟一城。遺體發現翌日，省府、市府會議爲此默哀。追思禮拜，省督、省長、市長等政要親臨弔唁。最感人處，是鏡頭裏市長苗大偉淒然滴淚。加拿大的人道精神，絕非虛談。

人道主義，是憐惜弱小，是扶危救弱，它本身其實就是基督精神。加拿大是世上最有人道的國家，她絕不會視貧窮弱小爲罪過。反之，關懷窮困、愛護弱小，才是主流社會的共有價值觀。對那來自弱肉強食、長尊幼卑的封建社會的人們來說，也許不易明白。可絲茜妮亞肝腸寸斷的父親，在《星島》的感恩信中可說得很清楚：「加拿大真的是個充滿愛的國度。」

愛，是基督教和人道主義的核心。加拿大主流社會和傳媒對絲茜妮亞被擄後的無限關心和竭力幫忙，說明了愛惜和保護稚童，大家真的責無旁貸。所以，拯救絲茜妮亞的任務沒有成功，在良知上大家就不免特別難過。追思會上警官痛哭、市長淌淚，絲茜妮亞的不幸，不意也帶來了人們「愛的信息」。加拿大人，真的充滿著愛。

主恩奇妙，純因有愛。門給關上，祂總會替你另開一扇窗，送來了清甜空氣，滌苦洗哀。

人世胎體原幻寄，天堂永福始真恆。朽軀歸土，天國重生。冬去春來，在愛的哺育下，萬物不又重現生機了麼？

(04-04-30)

為愛受苦

達賴喇嘛四月到訪多城，在天虹體育館以「關懷的力量」（Power of Compassion）為題，啓迪愚蒙。我佛 慈悲，願為眾生甘受苦難。因此，在宗教來說，Compassion和Passion，總帶有點「我不入地獄誰入地獄」的深層意義。

近日那顫動人心的電影《基督的苦難》（The Passion of the Christ），鏡頭雖則甚為血腥，卻說 明了耶穌基督為了開展天主的救恩，為了完成補贖人類因原祖父母亞當厄娃所犯罪過（原罪）而來的終極祭獻，為了洗滌人類原罪致使人神修和以享永生，祂甘願被釘十架。為了愛世人，祂承擔了世人難以想像的苦難。

藉著耶穌的犧牲，人神間也展開了新的一頁，——愛。為了愛，《聖經．舊約》那種暴力仇殺，不容繼續；為了愛，從此祭獻不許殺牲；為了愛，人與人之間更要彼此關懷，互相扶持。

奉宗《舊約》否定《新約》亦即拒絕基督的民族，其結果也祇會繼續沉淪於《舊約》那種以牙還牙的無盡殺戮，永難自拔。

達賴說得好，毀滅敵人的同時，也毀滅了自己。理由相信很簡單，世間一切之愛，僅能由自己的苦難（Passion）來彰顯。用大眾苦難來成全的，不叫愛，而叫罪。

孔曰成仁，孟曰取義。沒有殺身捨生的自我犧牲精神 ，仁愛就多屬空談。

(04-05-10)

藩籬自設

天主教和基督教的英文聖經，除了卷數稍異外，人名地名相同，文字則俱以通俗為主。

可華人社會呢？偏就各搞一套。中文聖經，早見基督新教（Protestant）一九零六年的官話和合譯本新約，和一九一七年的官話和合譯本新舊約全書，簡稱和合本聖經。七九年，又因「六十年來中國語文變動很大」，遂發行「現代中文譯本」，把和合聖經的文字重加修訂，方便讀者。基督新教今日在華人社區蓬勃發展，除了是上帝的恩典之外，一本容易讀得明白的聖經，也是個重要的因素。

可頭腦保守的華人天主教會呢？唉，五零年代國鍵熟知的夏娃（Eve）、阿伯拉罕（Abraham）、摩西（Moses）、所羅門（Solomon）、猶大（Judas）、馬太（Matthew）、馬可（Mark）、約翰（John）、彼得（Peter）、保羅（Paul），六八年天主教思高聖經學會才出版的中文新舊約合訂本，偏就棄之而不用，別自翻譯成了「厄娃」「亞巴郎」「梅瑟」「撒羅滿」」「猶達斯」「瑪竇」「馬爾谷」「約望」「伯多祿」「保祿」。經內譯文，行文用字每見艱澀，倒不見得比人家的和合本譯得好。

今天，新教的和合本聖經又開始再修訂文字了。我們的華人天主教呢，卻還老執著四十年前的舊本，一字不敢易。這對傳道事工有幫助麼？

(04-05-28)

人生最後的歸宿

宗教說的，實不過是個人生歸宿的問題。人生終歸何處，愈年長而愈想知悉。

大儒錢穆夫子，從傳統儒學談人生，頗認爲人生最終該歸宿於人的天性（德性）。例如人有「喜怒哀樂」「孝順父母」等天性，若能將之圓滿，自然得到「安樂」。心安心樂，是人生「三步驟」裡面最終所歸宿。由於中國人「只從人生來講人生」，天堂地獄，向不多講。（《人生三步驟》，港大《交流特刊》，七九年，pp.8-10）。

佛家天堂地獄，乃別番境界。人皆有佛（覺悟）性，是天堂是地獄，但看自我佛性能否正覺圓滿。人世虛幻，自性一「覺」，便即離「迷」。從此色空俱滅，生死兩無，復歸於涅槃圓寂的快樂境地，天堂也就當下即是。人生的最後歸宿，乃歸於此種由自性覺悟而來的無窮淨寂和安樂。

基督教呢，亦言現世人生全泡幻，樂事苦事盡虛無。錢財糞土，積之無益；求名逐利，無乃「追風」。事事天主自有安排（《聖經．訓道篇》一至三章），祇要信賴上主，「必心安理得」（箴 28：25）。人生最後歸宿是天國永生，在那裡享的才叫真福。

人生歸宿，儒家安於人性，佛家安於空無，耶教安於天主。大家都歸於一個「安」字。千金易得，心安難求。儒耶佛耶基督耶，但能心安，何須執計？

(04-06-18)

自白

國鍵去年皈依天主，朋友大惑不解。國鍵平生重視理性，是宗教人士眼中的頑固份子。竟然入教，有時連自己也不大相信。

然若以理性言之，亦非全然無據。國鍵早就認為： 一、宇宙之中，有個主宰。祂姓甚名誰，並不重要。因為名字這東西，畢竟是人的產物。二、穹蒼之內，確流動著一種若非主宰所創即難以解釋的天地之氣。此孟子所謂「浩然之氣」，文天祥之所謂「正氣」是也。 三、天地正氣，必善必愛。亦即是說，凡善者愛者亦必同出一體。佛教慈悲為懷，耶教善待弱小，本質並無不同。彼此所追求的仁愛和平，亦非相異。 四、佛教歸宿於「西方極樂」，耶教歸宿於「天堂永 生」，名雖異而理念並非截然相反，俱屬超然於現世物慾以外的永恆的屬靈樂境。可真是真道同歸，各安其所。五、佛教耶教都堅信，現世名利皆虛幻，惟獨身後歸處始永恆。所以，與其今生縱慾，無如努力積德行善，求身後之福樂無窮。其實，因信教而趨善離惡，而擺脫名利枷鎖，由此而得的「心安」，本已是現世即時的福報。因信而立即有此得著，何樂而不為？六、人總怕死，唯獨宗教最能助人跨逾生死界。看見有宗教信仰的人無懼死亡，實在羨慕得很。

綜此六者，國鍵決定：與其臨淵羨魚，何如退而結網。

(04-08-16)

走火入魔

宗教信仰，切忌執偏於情。一旦不問理性，便易墮入於迷。信教而入迷，是謂迷信。

毛澤東時代，奉毛主席爲神明，感性蓋過理性，結果釀成了天道人道俱亡的「文革」。歐洲中古，耶教鼎盛，一迷而又搞出個活燒異端、十字軍東征的屠戮人命。如此信教，不信還好。

信教但靠感覺，相當危險。猶如讀耶教《聖經》而不以合理的《新約》基督精神去觀照，就很易以情害理，沉迷於《舊約》「除魔伏妖」式的暴力，終必自流於恐怖份子的什麼以身殉教，自己反成了真妖怪。

耶教《若望福音》十五章記耶穌「彼此相愛的命令」，說的本是耶穌命令門徒們彼此相愛，捨身福傳，要「爲自己的朋友捨掉性命」。而「朋友」也者，經文亦清楚交代，是指「實行我所命令」亦即奉命宣道的十二門徒。可今天卻有人硬說耶穌命人彼此以犧牲性命來相愛，沒犧牲就不叫做「愛」。牛角一鑽，無怪那理性不強的落後社會，「人肉炸彈」那麼流行。

何謂「愛」？《格林多前書》說得好：愛是「凡事包容，凡事相信，凡事盼望，凡事忍耐。」未見得定要犧牲什麼。

所以，若有傳道人令你十分感動，叫你犧牲自己——包括你的性命財產甚乎色相，你得小心，這種犧牲愈多顯示愛情愈大的觀點，聽時切要用腦。

(04-08-20)

有欲難剛

《論語・公冶長》記載，孔子說，他從沒見過堅強不屈的人。有人答道，申根性直，十分堅強。孔子卻道：申根爲人欲望多，怎能堅強不屈呢？

孔老夫子說得好。人一有欲，就很難剛得起來。 無欲則剛。若要堅強正直，不埋沒良心，可先要過寡欲這一關。此宋明理學之所謂「存天理、去人欲」。人欲不去，天理難存。

人欲最能動搖道德立場。貪名貪利，貪美色貪佳食。多一分貪欲，便少一分堅持良知的定力。面對著大是大非，要剛起來就愈覺困難。所以，佛門清修，先得了斷塵世之欲。不如此，難成堅不可摧的金剛之身。《聖經・瑪竇福音》記耶穌受洗後，立往曠野受魔鬼試探。試探的內容，也盡環繞於人欲。魔鬼倒要看看，「道成肉身」的天主子，會否也因飢餓而行不義，爲貪求榮華富貴而背棄天主，事奉魔鬼。

物欲貪求愈多，人性愈見軟弱。在死神面前顯得軟弱，皆因貪生。由於貪生，所以怕死。在良知道德面前顯得軟弱，皆因貪戀俗世名利，故而甘願賣心鬻靈，背義求榮。

紅塵滾滾，人欲滔滔。想收買人的軀殼甚或他的靈魂，不見得會太難，——祇要開一個他無法抗拒的價錢。

香江近有數十年餘錚錚英名一朝喪者，正孔子所嘆息的，多欲而剛，確未之見也。

(04-08-30)

迎佛骨

今年五月下旬，香港恭迎佛祖指骨供奉。四方善信，無不欣喜。

可唐代大文人韓愈，對於佛骨，嗤之以鼻。《舊唐書》卷一六零「韓愈傳」載，陝西鳳翔縣歧山鎮法門寺護國真身塔內，所藏釋迦文佛指骨一節，「三十年一開，開則歲豐人泰」。為了這「歲豐人泰」，迎骨入宮供奉，成了唐室的傳統。憲宗元和十四年（AD 819），派中使迎佛骨至宮中，韓愈竟上疏力諫，大掃皇家的雅興。

韓愈認為：一、佛者夷狄之法；二、上古黃帝迄周文武，長壽永祚者多，其時無佛；三、南朝及隋，佛法漸盛，政權反而短命；四、南朝梁武帝篤信佛教，餓死臺城，誠「事佛求福，乃更得禍」；五、迎供佛骨，上行下效，終「必有斷臂臠身以為供養」，「傷風敗俗」；六、佛祖夷狄，不華語，不華服，不曉先王之法，「不知君臣之義、父子之情」，豈容其來「惑眾」；七、佛骨乃「久枯朽」之「凶穢」，不宜進宮，祇宜「付之水火」，……。

華夷之辨，暫且不談。韓愈說的，正是迷信之害。然而，佛言一切泡影，生死度滅，何必著意人世福壽？佛言四大皆空，何勞善信斷臂割身來供養？佛骨也者，不過無量佛法的標記，其珍貴在於背後之佛精神，不在於佛骨此枯物。若向之妄求一己之私欲，不是蒙迷是什麼？

(04-09-10)

信仰不是空談

星雲大師說法，談及「因果」：欲有善果，先種善因。亦即先要身體力行，光信不能結果。基督教「信者得救」，殊不足夠。

此明代大儒王陽明主張「知行合一」，清人顏習齋認爲「心中惺覺，口中講說，紙上敷衍，不由身習，皆無用」也。新儒學說的，便是這個知而不行並非知，悟而不行並非悟的道理。

在天主教來說，「信望愛」三者合一。「信」是知，「愛」是行。其中「愛」大於「信」。何解？因爲祇有通過「愛」才能進入天國。人們受洗信奉天主，獲得的祇是「救贖」（Redemption），祇能洗赦「原罪」，卻不代表你就此自動獲得「救恩」（Salvation）而進入天國。想得「救恩」？教友須以行動的方式來「成義」：布施助人，天天行善，生活在天主愛的國度裏。天主教很強調「因信成義」，說的正是祇有「信」而沒有實際行爲，沒有「成義」，就不算是真信。「信」不過是知，若不親播善種，何能享得「天國永生」的善果？這與佛學因果和儒學知行的思想，不謀而合。

《聖經·瑪竇福音》，耶穌說：「不是凡向我說『主啊！主啊！』的人就能進天國；而是那承行我在天之父旨意的人，才能進天國。」（七章廿一節。）

天天行愛爲善，談何容易。此國鍵身後，恐還是以入地獄者居多。

(04-10-04)

有點失望

國鍵在澳門慈幼小學唸書時，神父的學問人品，大都一流。老一輩華裔神父如台灣方豪前輩，其《中西交通史》功力之深，近人無出其右。明清來華傳教士，沒一個是一部《聖經》走天涯。「以學輔教」，斯利瑪竇等人所以成大業也。

昔之神父，學識廣，眼界闊。頭腦石硬、教條主義的絕少。須知時代不斷在變，天主不停施工。《聖經》沒記載的，不代表即同魔鬼；《舊約》事理若然違反《新約》基督精神，一樣須要補充修正。

今之神父，融入俗世，思想胸襟，沒理由比前人狹。是以小布殊這共和黨大右派，爲了侵略伊拉克而不惜僞造證據，假藉上帝之名，狂轟濫炸，屠戮無辜的回教婦孺，吾教宗若望保祿二世即時責之罪過。可多城有吾所景仰的神父，卻爲了反同性婚姻，在加國大選前夕，不惜在堂區撰文，力讚小布殊是個甚具勇氣的社會道德捍衛者，叫大家好好向他學習。這就令人深感困惑。

極右黨派對於維護傳統，以多欺少，向來不遺餘力。何況小布殊反對同性婚姻是否發自真心，抑或僅屬大選年共和黨拉攏選民的政治策略，恐怕也祇有他自己才知道。問題反是：若法西斯極右狂魔納粹的希特拉突然從墳墓中跳出來，對同性婚姻也大吼一聲 No，然則他又即時成了濁世德範，該再投他一票了？

(04-10-15)

放人一馬

國鍵批評教會個別人士高調反對同性婚姻，看官萬莫認爲國鍵是主張同性婚姻的。國鍵身爲天主教徒，頭腦且又保守，對同性戀別無偏愛。然而，反對某群體的某些行爲，並不代表可以同時任意否定其合法權利。情如在下雖不同意閣下的言論，卻不能因此贊成剝奪閣下的言論自由權。

宗教人士重視信仰自由。可勿忘記，信仰自由也包括了不信的自由。古之歐洲，神權無上，不信基督又或言行違悖《聖經》，即時可以論罪燒死，史稱「黑暗」。近之亞洲，共產主義無神論壓倒一切，信教的人，無不拉去「勞改」，史言「浩劫」。這兩個極端，都害得人慘。所以，今天對同性婚姻若仍擺出個歐洲黑暗時代的姿態，無乃文明的退步。

在沒有宗教信仰的人來說，「末世」「天堂」「地獄」皆虛構。同性婚姻會導致人類滅亡？同性戀祇屬心理而非生理上的個人選擇？請不要單單抖本《聖經》出來，還得要多拿點科學上的真憑實據。否則在多元文化社會內，大家還是以彼此包容、依法辦事較好。

行動過激，徒滋長仇恨。既不合加國國情，亦違背基督精神。犯了罪的淫婦該受石砸之刑，但，「你們中間誰沒有罪，先向她投石罷！」這是耶穌說的（若8：1-9）。

追隨耶穌的人，可會向同性戀者擲石麼？

(04-10-18)

生生死死

《論語・先進篇》孔子一句「未知生，焉知死」，造就了中國人文主義吃飯權的事理觀。今日說起來實也大有道理。現實的生活還未搞得掂，去談死後的事幹什麼？

天主教有神父卻反過來說：「未知死，焉知生？」人呢，不了解身後歸宿何處，現世生命就容易迷失方向。人若知道了死後將享永生福樂，現世生活便易確立目標，奮勇前進。是謂欲知生者先知死。

「知生」「知死」誰個先後，頗成了中西文化相異之處。當然，其中的執拗，有時也甚覺無謂。國鍵向來中庸，頗認為既知生時當知死，當知死時亦知生。兩者同步，豈不更妙？

何以故？因為人生所需，因時不同。極該取長補短，生死兩顧。孩提時期，乳臭未乾，祇識生而唔識死，此時實宜教他一個「死」字。小學一年級的文字課，孩子首要學寫的，除了「爸」「媽」兩字外，就該這個「死」字了。國鍵正因求學時期沒好好學習這「死」字，結果出來社會，時不時便撞大板，現在可後悔得很呢。

今天老啦，知死啦，有時卻又忘了「知生」之道。黃昏歲月，死之將至，總不能讓生命在悲嘆中白白度過。我，還得要有意義地活下去，且要好好的多學點養生之道了。——紅塵莫向門前惹。

生生死死，死死生生，又何須執意先後？

(04-11-12)

煉靈

佛家子認爲，祇要一念之覺，天堂地獄，便在目前。天主教之天堂煉獄地獄，俱在身後。人死赴煉獄者居多。待煉淨了靈魂，才有資格升天堂。

煉靈？哈哈，又何須等待死後？現世煉靈的機會多著哩。例如：（一）、當有人還沒看清楚、又或沒看懂你的文章，便忙著向你破口大罵的時候；（二）、當有人斷章取義、又或自製「證據」來攻擊你誣衊你的時候；（三）當你寫文章沒用上「標準白話」，便有人責你文字鄙俗（亦即「五四」時代老八股們慨嘆著寫文章不用文言而用白話便屬鄙俗不堪之類）的時候；（四）、當有人突然情緒失控，莫名其妙地向你咆哮的時候……，你自不然會頗爲「火滾」。而凡心生慍火之際，便是自己鍛煉靈魂的最好時候了。

蓋心火一起，倒說明了自己去聖境太遠。自己畢竟還是原罪未脫，了無慧根，動不動就起了恚念。既未能「離境便覺」，且亦甚乏天主「神恩」。如此頑石一塊，能不更待磨煉？

當然，在此折騰之中，倒也認識了「聖人」和「極端份子」二者的最大分別。聖人如佛祖、孔孟，和顏悅色，依的是仁；極端份子如拉登、小布殊，聲大夾惡，憑的是殺。

明乎此中區別，才不致把宗教上狂熱的極端份子，看成是什麼德行高超的「聖人」。

(04-11-19)

還是各自修行好

今日華人，大抵以信奉釋迦牟尼和耶穌爲最多。兩者思想宏博，各有擁躉。若存心踩低對方，非但無功，反會自貶形像。

宗教導人以善，以追求超越物欲的屬靈淨境。殊途既是同歸，又何須定要一尊？基督教與天主教之互相攻訐，固是無謂；佛門與耶門之互斥不是，亦屬浪費氣力。

信不信教，又或信什麼教，直如人之愛吃甜還是嗜吃鹹，純屬個人選擇。卻絕不代表因此就證明了糖比鹽好，又或鹽較糖佳。所以，每遇天主教友妄評佛義，余必勸之以學海無涯。皮毛之知，何必胡亂月旦？

近讀林世敏《佛教的精神與特色》（香港佛學書局，九三年），尤覺吾態度之不謬。國鍵所認識的佛教朋友，詆基督者絕少。可林君卻力指基督教之神，純是人類自創（p.18）；而神與人之間，有的亦祇是「主人和奴隸」的束縛關係（p.106）；人之得救，須憑神恩，與自力無關。佛教呢？可就不同了。世本無神，我即是佛。佛我平等，我非奴隸。我自力自救，無需他力（p.108）。故此，我爲我的「主人」，「天上天下唯我獨尊」（p.107），云云。

佛學無邊弘大，在能空滅無我。林書談佛，爲貶耶教而處處標榜著「我」呀「我是主人」呀。如此導人執迷於「我」，又豈是我佛說的菩提正覺哉？

(04-11-26)

情乎？欲乎？

人性本善，那惡從何來？對於此點，孔孟無深入解說。唐代儒者韓愈，採用了佛學把性與情分開來講的方法，認爲人之爲惡，出之於「情」，與本性實無關係。

韓愈《原性》謂性乃「與生俱生」，情係「接於物而生」。亦即性乃先天，情屬後天。而後天之情，厥有三品。其上者善，「喜怒哀懼愛惡欲」七者都能「處其中」，無過無不及。可惜人們控制感情不易，如是世間才出現了下品之「直情而行」，過猶不及。情若一旦崩濫，善便變成了惡。

用韓愈的觀點來說，人之爲惡，皆因濫情，不知自制。情本是好，一濫就成了壞。累了想睡，餓了想吃，男大當婚，女大當嫁，看見別人行惡而心生義憤，一一都是情，也一一都是善。可人們卻不知節制：睡至日上三竿還不願起床；吃飽了肚還要再吃；又或揀飲擇食，嫌三嫌四；娶了老婆呢，卻還去包二奶三奶；看見別人幹壞事怒火中燒衝上去打他幾拳等等，這都屬於人情失控，亦謂之「欲」。

新儒學祇勸人「存天理去人欲」，沒叫人斷絕人情。因爲，人一接觸於物，情必自生，如何能去？那濫情的欲，才須用律己的工夫來克制。

美國打伊，出於人欲。世間導致紛爭破壞人類文明的，亦此下品人欲而已。而上品人情呢，卻是推動社會進步的原動力。

(04-12-06)

兩不像

前文引《原性》，談唐代韓愈所排斥的，祇是下品人情（欲），而非上品人情，尚見一點先秦儒學的人情味。同時代儒者李翺寫《復性書》，同樣指出「情有善有不善」。而人之不善，皆由「嗜欲好惡之所昏」，罪在「妄情」，不在人性。但能「妄情滅息」，自是「本性清明」。

可人性是什麼呢？韓愈沿承孟子，仍謂人性本善。李翺卻接受了佛門人性清淨無垢、寂滅不動的解說，闡述了「人生而靜，天之性也」，與及人性本「無慮無思」「寂然不動」等佛家的觀點。名爲儒士，實則佛徒。

人性本靜？若以嬰孩呱呱墮地便即手腳無日稍停、好動好玩的本性觀之，則「人生而靜」的論斷未必盡實。且李翺自墮的陷阱是：若然本性必靜，則任何因動而起之情，豈不全都違反人性？恐亦因此，《復性書》雖說人情可善可惡，實則傾向把人情盡多看作「邪」「妄」，不停地勸人去「覺」。李翺立足於儒佛之間，本想左右逢源，豈知結果卻是不儒不佛，兩頭唔到岸。

先秦儒學肯定人有人情，然後以情論性，講得頭頭是道。唐宋佛學否定人情，然後禪宗五祖弘忍那句「無情亦無種，無性亦無生」（《六祖壇經》行由品第一），也才成了當頭棒喝。

李翺欲以佛家之「本無」去宏揚儒家之「原有」，可乎？

(04-12-10)

情，還是理？

相信宇宙間有神靈者，或以情相信，或以理相信，或以情理相信，各有各的道路，本來不須討論。可惜有等宗教人物，叫人祇要信不要問。但求相信上主，不必理性批判。尋而攻擊科學理性，「不見而信更有福」。如此導人盲信，那就不能不在此多寫幾句。

萬物既爲上主所創，能有不善？情感固天主所創，理性何獨不然？在上主面前，又怎會看重情感而輕視理性？又怎會把情感看成是善，理性卻打成是惡？

言無理而不立，教無理而難張。在大學裏面，宗教隸屬倫理哲學之門。它絕不同於注重感性多過依賴理性的藝術和文學，不可以單憑「以情動情」底「以精神相感染」。宗教若一味靠賴情感而缺乏義理基礎，難臻至善。

須知世間善之與惡，一線之隔；情之與慾，一念之差。教理上若是含含糊糊，信之何益？事事僅以教會神職人員所是爲是，所非爲非，那你是信神還是信神職人員？自己不懂思考分析，凡事但看神師意見，那與奴隸何異？

由盲信而來的盲動，對人類社會，確實福少禍多。古者燒死「異端」，乃盲信盲動之害；近者飛機撞毀世貿，亦盲信盲動之災。大家都知道，盲信盲動的破壞力，十分驚人。今天某些宗教極端份子的言行，徒加添極權國家箝制宗教活動的口實而已。唉！

(05-01-10)

走回頭路了？

政教合一的災害，歐洲中古時代曾經領教過。今天，小布殊爲了保得白宮寶座，竟然拉攏宗教勢力。而宗教的保守派又爲了宣傳福音，樂於合作。今雖雙贏，惟從宗教當遠離骯髒政治以保聖潔的角度看，未必可以償失。

教會不應涉足錢財交易和政治權力活動，是中古政教不分教會腐敗下，由無數受害人血淚交織而成的歷史教訓。教會若有能力解決一切有關人的問題，則中古教廷統治時，歷史沒理由貶之曰「黑暗時代」。而其後文藝復興和啓蒙思潮（Enlightenment）背離教會規條而提倡人文主義和理性主義，亦無理由譽爲進步。

最不幸的是，小布殊的舉動，在美國造就了一股支持共和黨的極富宗教色彩的保守力量。乘著大選得勝的氣勢，他們正以雷霆之力，拿著基督教的原教主義作武器，一刀劈向美國人原來享有的自由。

憑著白宮間接或直接的金錢資助，恃著小布殊將會任命更多傾向基督教而思想又極保守的最高法院大法官，保守教會拼力向無神論者與及國內主張自由開放的自由主義人士們（Liberals），發動了一場美國「新內戰」（new civil war）。

如果戰爭由極右的政教勢力得勝，則美國將大有機會成爲一個中東式的宗教獨裁國。無怪住在這邊的加拿大人，每聞之而色變。

(05-01-31)

伽利略的遺憾

公元一六三二年，偉大的物理及天文學家伽利略（Galileo Galilei），在沒有得到羅馬天主教教廷的 允許下，私自出版了他的Dialogue。書中肯定了哥白尼系學說（Copernican theory），相信地球不是教會所 說的宇宙中心，而祇是環繞太陽運行的一顆行星。此書一出，教廷震怒。除了羅馬禁售外，天主教的宗教法庭（Inquisition）且拉他去受審。審訊結果，定性「異端」（heresy），判了個終身監禁之刑。祇憐他年老多病，改為家中軟禁，但終身受著宗教法庭的監控。

失去自由的伽利略，並沒有停止寫作。他還拼著老命寫成Discourses巨著，並偷偷送往義大利境外的荷蘭付梓。

一六四二年，伽利略病逝。教會並沒有因為他的死而心軟。證據確鑿的「地球繞日論」，仍屬異端邪說。教會也不會因為伽利略是天主教徒，就肯施恩完成他想葬在教堂父親墓旁的遺願。伽利略的遺體，僅由政府官員草草下葬。

三百五十年後，一九九二年十月卅一日，教宗約翰保祿二世為著了結此案，祇承認當日教會神學顧問犯了點過失（error），但由於這是信仰和科學不同領域缺乏溝通而起，就算有錯，責任亦不一定在於教會。平反？休想。

伽利略晚年的遭遇和下場，不期令人想起了咱們的趙紫陽。

(05-02-14)

恕我茅塞

今年一月十八日，天主教多倫多教區大主教 Ambrozic，給了馬田總理一封公開信(文見 www.archtoronto.org)。重點約三：（一）同性婚姻合法化帶來的社會後果，無法預料。未經全民討論，不宜草草立法；（二）宜運用人權憲章的「但書條款」，把立法拖後五年，以觀察荷蘭和比利時同性可婚的經驗；（三）應容許包括內閣在內的全體國會議員自由投票。

大主教自稱此信甚得教徒喜悅。豈知二十號的《多倫多星報》，就讀到了教會開明人士們的非議。

國鍵亦愚劣教友，敢亦敬問：（一）同性婚姻討論多時，幾已無人不知。再拖幾年，斯又何苦？（二）若同性婚姻祇是道德而非人權問題，爲什麼要動用到人權憲章裏面的條款？（三）若是關乎咱國人權的大是大非，又何須等待別國的經驗始能決斷？（四）其事既涉人權法律，則禁止同性婚姻的唯一方法，是國會修改人權憲章。然而，人權憲章「人人平等」這核心精神，如何能夠在剝奪某類人的某些權利之下而仍可稱曰「人人平等」？（五）傳統婚姻定義和人權自由兩者之間，何者更是現代民主社會的基石？（六）教會人士如卡加利主教 Frederick Henry 等人，把同性婚姻視作通姦賣淫等 邪行，除了《聖經》之外，可有別的法理依據？這種說法，對同性戀者又是否公平？

(05-02-18)

做個理性的教徒

國鍵領洗，朋友笑我，終必會在天主教會迷信的洪流 中迷失。請放心，我，仍舊是個理性的現實主義者。對於「迷」這個字，向來十分警惕。雖則人生確如 Verdi 在歌劇 Un Ballo In Maschera 所寫，祇是一場迷 人的夢幻。

一個理性的基督徒，宣傳福音祇是一項神聖的使命（Mission），而不是賴以謀生的職業。他既不刻求名利，也從不會以基督謀財。他不會一邊說學習耶穌反對法利賽人墨守約規，一邊自己卻又大搞教條主義，拿《聖經．舊約》的一兩句經文，就看作絕對真理。他不會奉主名而抬高自己，也不會把教會裏面富有封建階級的什麼「品秩」，記掛心頭。因爲，他知道就榮寵如教宗，也不過是「眾僕之僕」（ The Servant of Servants ）。

他雖不支持同性婚姻，但也絕不自以爲是，把「同性婚姻合法化」扯上什麼「人獸交合法化」，並把這風馬牛不相及的謬思，說成很合「邏輯」，甚者認爲不明此理者是冇讀邏輯。他也不會爲了傳揚所信而不擇手段，危言聳聽，高喊「不信耶穌必入地獄」、「同性戀必引發變童僻、人獸交」這等缺乏理性的言語，去鼓動群眾，挑起仇恨。

主耶穌說：「我的國不屬於這世界。」（若 18：36）故此祂從不煽動俗情，祇冷靜講理。

(05-02-21)

永垂不朽的背後

教宗若望保祿二世大去，舉世同哀。際此思想形態衝突日益尖銳之日，教宗贏得全球推許，無怪人們謚之曰「偉大」（The Great ）。

偉大之處，不在他對教義的頑固執著。世間執著容易，放下艱難。教宗能放下教廷逾千年的唯我獨尊獨大，往訪猶太廟和回教寺，化解猜疑，此永垂不朽。

放下唯我獨是、獨以《聖經》的角度去看世界，需要大勇氣和闊胸懷。耶教講天主仁愛，惟講仁愛的也並不盡是耶教。死抱《聖經》視一切教外之說俱邪途，斬盡殺絕，顯然不會是新約時代主耶穌所願見。

所以，一個心中充滿基督仁愛的大德如教宗，就看見凡俗往佛寺獻一束鮮花，又或燒一炷清香，相信不會勃然大怒，出言詛咒。他雖認爲同性戀本質邪惡，當也不會因此而口出毒言，叫人入地獄。更何況天主眼中，世上無一可以自稱義人（《聖經．約伯傳》），誰升天堂誰落地獄，也祇有天主才有權決定。

教宗的遺憾，據說是未能往訪中國。以前，國鍵對共產中國拒絕天主仁愛，大惑不解。近日重溫清代「教案」及傳教士如何直接參與宮廷黨派鬥爭活動，與及親睹年來某些北美教會如何鼓動教民意圖直接影響政治選舉，爲反同性婚姻且不惜與劫貧濟富的戰爭販子爲伍。愚魯茅塞，爲之頓開。

(05-04-22)

兩宗罪

教宗若望保祿二世，對世人的最大貢獻，不在於他頑固保守的宗教道德觀，而在於他的包容和寬恕，並勇於承認教會缺失的反省精神。雖不至於叩頭認錯，但至少心存歉意。在教會來說，已經是前無古人的一大進步。

據 James Carroll 《 The Pope's True Revolution 》（ 加版《TIME 》, Apr.11, 05），教宗的第一個創 舉，是向世人明確宣示，教會完全放棄用強迫性手段（這當然包括武力）來捍衛真理，亦即徹底否定教會自君士坦丁和聖奧古斯丁以來千多年的暴力作風。取而代之的，是一種合乎天主仁愛的非暴力方式。任何戰爭和殺戮，包括公元一零九五年教宗烏班二世（ Urban II ）奉天主之名而發動的十字軍，他都予以譴責。

教宗的第二個創舉，是帶領教會與猶太民族全面和解。他答允消除教會內認爲猶太民族釘死主耶穌而來的反猶太情緒及有關材料，並永遠放棄耶穌受難後成立的新教會乃是取代猶太教這種觀念。亦即容許一神之下，宗教可以多元化（ pluralism ）。

千禧年時，教宗曾爲教會數百年的十字軍殺戮和猶太民族的千年苦難，公開表達了悲傷和遺憾（ sorrow ）。前車可鑑，很値得今日正磨拳擦掌、蠢蠢欲動的極右人士們思考。

(05-04-25)

知易行難

在如何追求心靈安樂的事情上，相信大多數的凡人，都是知之容易，行之實難。在此，國鍵確也不能不向大家懺悔，自己原也是個「大隻講」。

明知世間都是鏡花水月，執著無謂，放下自在。但一旦事情發生，例如給老婆頂撞兩句，又或無端給人誣衊，我可以笑對而不惱火？自問難矣哉！

明知有生必有死。對於有宗教信仰的人來說，死不過是另一種生的開始，何懼之有？可年老而身體一旦出現嚴重毛病，想起了「終期於盡」，能夠瀟灑面對死亡，實也不易。還是《晉書》卷八十王羲之《蘭亭序》古人云「死生亦大矣，豈不痛哉」的那個「痛」字，才係凡塵實況。國鍵這市俗之徒，又怎得例外？

明知若想內心安寧，必先要看破紅塵，擺脫物質枷鎖。理想的做法，自是把全副身家都捐給窮人，從此了無罣礙，心輕似若浮雲。可真個叫你去實踐呢，卻盡多如闊少之遇上耶穌，耶穌才吩咐他把他的財產都施捨窮人，好背起十字架來跟隨祂，他卻立刻「憂鬱地走了」（谷 10:17-22）。

在宣揚仁愛的事工上，「講就天下無敵，做則有心乏力」。災難發生，作爲冷靜的旁觀者，又或花的不是他的錢財，自易指手畫腳，高談闊論。若然真個要他承擔而感了切膚之痛，他的想法，恐怕未必會一樣。

(05-06-06)

從感性走向理性

天主教對於現代文明的塑造，建樹良多。諸如早期大學的創建，與教會便大有關連。十三世紀「中古大學」，至少在北歐，大學人員就大多數是神職人員。他們研習羅馬法律、天文學、哲學，且又包括辯證邏輯等等（見Lynn White Jr.,《 Science and the Sense of Self : The Medieval Background of a Modern Confrontation》），講信仰已非全仗個人的感覺。

歐洲經歷十六世紀文藝復興、十七世紀科學革命和十八世紀啓蒙思潮及稍晚的工業革命，十九世紀的「通識大學」，不但重視文化知識和通識教育，且認爲哲學、自然哲學（例如物理學）等等都該走綜合路線。而由於人文主義勃興，「直覺」和「想像」的氣氛雖然濃厚，卻已徹底打破中古神學支配一切的刻板作風。

二十世紀的「現代大學」呢，乃由合而分，已進入了多元化、分工化、專業化、商品化、科技化的新境界了。由於推重科學知識，一切自講求理性實證（並參 Peter Scott,《 The Crisis of the University 》）。這種科學精神，與舊日神學更加格格不入。

時代進步，今日在西方受過高等教育的人，對於宗教信仰，難免要求多點科學理性，少點神權感性。這，相信是天主教現代化的最大難題。

(05-06-17)

耶穌將會怎麼做？

天主教慕道班導師曾教導我，若遇事情難斷，祇要想想 WWJD，必大有幫助。

WWJD，乃 WHAT WOULD JESUS DO 之簡寫也， 意即「耶穌將會怎麼做？」譬如說，當人遇上道德良心與權力金錢二者須擇其一，心情極度矛盾痛苦之時，祇要想想 WWJD，那耶穌在曠野拒絕魔鬼的物質誘惑，便 是答案。

對基督徒來說，如何處理俗世同性婚姻，顯然比良心與金錢之間的抉擇，更加棘手。惟若想一想 WWJD ，因而在靈性上取得啓示，信亦非難。在耶穌生活的年代，同性戀早已存在。可憾《聖經》似無耶穌對同性戀的片言隻語，而當時也沒有同性可婚的爭拗。WWJD ？若據耶穌對俗世政治的態度來推斷，相信祂會置身事外。因爲，祂降世要建立的是屬靈的神國。俗世政府通過民選議會訂立的各種律法，不同社群利益的各種鬥爭，祂都不會感興趣。

正因如此，耶穌在世時雖則正值羅馬帝國極盛之期（BC 27-AD 180 ），猶太淪爲羅馬的一省，猶太人受著 極權的殖民統治，相對於同性可婚，顯然更加痛苦和更不公義。然而，耶穌可有策動猶太群眾上街遊行麼？可有帶領人們前往般雀比拉多的總督府門前示威抗議麼？沒有。

行動之前，請君細想。

(05-07-18)

耶穌教我以「耶穌」

耶穌降世，乃爲世人洗罪，建立「不屬於這世界」（若 18：36）的天國。天國精神，愛神愛人。在「愛人」方面，不但愛善人，還得要愛惡人、敵人。須知世間誰善誰惡，不由我等罪人裁斷，更不由我等罪人去私行賞罰，厚顏地把自己當成天主（上帝）。

所以，凡一切奉主之名去策動此一群人去打壓另一群人的，例如中古「十字軍東征」，十七世紀歐洲「三十年戰爭」基督新舊教徒互砍，全都違背基督精神，褻瀆天主。回教徒不是人了？天主教徒不是人了？新基督徒不是人了？同性戀者不是人了？耶穌叫你愛萬民，你呢？

故此，若有人叫你去參加滲有政黨鬥爭的反同性婚姻活動，祇要想一想「耶穌將怎做」，去與不去，清楚瞭然。善心的基督徒若想救世呢，與其攻擊「異端」，何如先做好自己。亞當厄娃（夏娃）兩人之錯，禍延子孫；耶穌基督一人聖善，救贖萬民。基督徒祇要自己以身作則，又何愁天火焚城？

不信？據《聖經．創世紀》所記，對同性戀邪惡之城索多瑪，天主在滅城之前，仍答允阿巴郎（亞伯拉罕），祇要城中能有十個義人，祂就決不會把城毀滅（創 18：23-33）。

別擔心，專程前往渥太華國會山莊反同性婚姻的華人虔誠基督徒，其中義人，又豈止十個？

(05-07-22)

無我始爲真

星雲大師講佛法，指出印證真理的三大方法（「三法印」）是：「諸行無常，諸法無我，涅槃靜寂。」

說得對。凡宗教的最偉大情操，大多繫於無我。天主 教與佛教所同者，乃認識物質世界全係虛象，並不有常。故而無常是真，有常是假。所不同者，乃佛教認爲人生終歸於永恆的靜寂（涅槃），而天主教則相信，人生的最後歸宿是永生的天國。至於「無我」這情操，佛教奉爲檢驗真理三大標準之一。天主教呢，似乎講得不太多。

頗多天主教徒所熱衷的，是「我」如何上天堂得永生。某些基督教教派，更強調「我」在世上行善積德，乃爲了「我」在天國之上有良好紀錄，如此「我」才愈有機會獲得天主（上帝）的賞報。我的慈悲心腸，終也是爲了「我」而起。

儒家的「不忍人之心」，純出人類與生俱來的本性，並無福報於我的動機。故曰：「施因莫望報。」佛家子的慈悲，本於對世人「生老病死」的同情和憐憫。因此勸人覺悟，叫人了斷煩惱。菩薩心一生，且可犧牲自我：「我不入地獄，誰入地獄？」儒佛遂在「無我」中得了共融。大家都相信，自私的「我」，是掩蔽真理、助長憎恨心的罪魁禍首。

有志於黃土地傳福音者，能不省察乎？

(05-07-29)

基督救國，殊非新作

近有「六四」民運人士認爲，唯基督信仰可以救國。吾師聖公會何世明法政牧師，在八十年代就已經對此詳加闡述。一套廿八冊《世明文集》（基督教文藝出版社，香港），主要講的就是他的「融貫神學與融貫儒學的理想和主張」，冀能「創建富有中國文化色彩的神學」（《八十感懷》，基督教文化學會，九五年，pp.18-23）。

國鍵相信，信仰救國不能單靠祈禱，更不能靠武力或鬼神的恫嚇。在思想文化上彼此對話、搭橋、修補和共融，才是更有效的方法。

何牧師在世時，曾私下對國鍵說，中國民主停滯不前，是個文化上的問題：中國人太容易把人當神辦。對對對，傳統歷史把統治者視作神明的思想一日不去，西式自由民主在中國就祇能是個空話。

西方基督文化不然。天主獨一無二。人，永遠就祇能是人，祇能是神所造的兒女，因此亦人人平等。今若以基督信仰改善國人思想素質以改進中華民族，須先找出個可以令基督思想融入中國文化社會並可以生根苗長的方法。雙向性的神學融貫於儒學，儒學融貫於神學，亦即立足於基督去講孔子，立足於孔子去講基督，未嘗不是個可行的提議。

可惜何牧師愛神愛民的一片赤誠，卻常給教會頑固派詆罵，氣得他吹鬚碌眼。

(05-08-05)

天道乎？人道乎？

中國傳統文化，儒家少談天道，但於人道（仁）論人生，處處講的是人情。道家卻重視天道（自然）。天道無情，人道亦當無情。佛家呢？愚見以爲，佛言生老病死，固屬天道。然在此無情天道中，卻生了慈悲憐憫之心，是爲人道。故在佛學裏面，雖則天道無情，在人道上，卻是看似無情實有情。

在中國社會裏面，儒佛向來較爲流行，人情味重。亦因如此，共產黨的階級殘酷鬥爭，並不適合中國。而中國社會長期容忍同性相愛，沒有拉他們「浸豬籠」，信亦基於對天生「同志」的同情。

若同性戀確屬天生，有著遺傳基因的先天障礙，絕非天主教會所說全是出於個人的心理選擇，則由同性戀這天道之苦，令人們興了同情之心，同意賦之以平等權利，那便是人道的問題了。而同性戀者在他們的痛苦命運中爭取自己的幸福和快樂，也不算毫無道理。

天主教激烈反對同性婚姻，近年且不惜修改《教理》，堅稱同性戀僅是個後天的心理選取，殊非先天性的基因作怪。同性戀既非天主所造，錯自然不在天主，亦無關乎生無可擇的天道苦難。人孽自作，人道上的同情憐憫，自也無從說起。至於爲保護生而弱者的「人權」，更沾不上邊。

我們應該相信科學還是聽從教會？閣下分析能力強，當有明斷。

(05-08-12)

以古鑑今

西洋宗教紮根中國，本就不易。因爲中西文化畢竟有異，要磨合極需時間。清代康熙年間斷然禁教，正是天主教教廷封建僵化、罔顧中國文化傳統而自吃的苦果。從傳播基督福音於萬民的角度看，更係對唔住天主。

一七零四年康熙四十三年，教宗第十一格勒門得，竟頒令禁止中國天主教徒用「天」「上帝」「敬天」等字詞，謂其冒犯「天主」。禁令且裁定，中國人之祭孔祀祖乃係「異端」，凡天主教徒不可參與，就站在一旁觀看也不可以。至如在家裏又或墳前向祖先行禮，就算「不過要報本的心意」，亦屬違背教理。而家中先人的牌位，也絕不可寫上「靈位」「神主」等字眼。至如中國其他禮教，什麼可行，什麼不可行，全須由教宗的使臣定奪。這一道完全蔑視吾族文化風俗的所謂「禁約」，其無禮蠻橫之處，讀之令人氣憤。喂，中國不在教廷管治之下，教廷對中國有冇管轄權先？

教宗貿然向中國頒發「禁約」，不但可笑，且一手摧毀明末利瑪竇等教士在華艱苦建立的傳教事業。「禁約」頒下，吾康熙笑著回應一句：「西洋人等小人，如何言得中國之大理。」一於「禁之可也。」（並見《康熙與羅馬使節關係文書影印本》第十四，《教王禁約譯文》）洋教士在中國，就即時完蛋。

成事不足，敗事有餘。

(05-08-15)

對抗，還是共融？

在中國傳教，若不融入中國文化，不把中國習俗聖化而爲我用，而僅抱著征服異族處處唯我獨尊獨善的高傲心態，其結果祇會發展爲雙方在思想文化上的大衝突。傳教士常說基督愛人，賜人以平安云云，在中國人眼裏，實不知從何說了。

清代康熙之世，朝廷時不時便頒布禁教令。此無他，正因天主教常認爲我中國人祭祖祀孔乃屬「異端」，須嚴令禁止。祭與不祭，彼此既長期在思想文化上磨擦衝突，地方官員擔憂會引發社會不安故而力主禁教，自亦順理成章。例如康熙世廣東碣石鎮總兵陳昂和雍正世兩廣總督孔毓珣的奏摺，就講得很明白（參《清朝文獻通考》卷 298，《四裔考》六，「意達里亞」）。

可惜教廷態度依然強硬。在康熙五十九年（一七二零 ），竟還派遣嘉樂來華，向康熙重提中國教徒須嚴遵十六年前教宗所頒禁止祭祖祀孔的事情（詳見拙欄前文）。唉，吾中國二千年祭祖祀孔的習俗，又豈能由洋人派個什麼使節前來，話禁就禁？敬祖禮孔是「異端」？很有「後人尊敬之意」的祖先牌位是穢物？此不但與「中國道理大相悖謬」（並參《康熙與羅馬使節關係文書影印本》第十三，《嘉樂來朝記》），且見其狂妄得近乎專橫。

殊不知敵視中國傳統文化和習俗，在傳教上必然是自絕於中華。

(05-08-19)

再談基督救國

拙欄八月五日蕪文，談及八十年代何世明牧師融貫耶儒以救國。這，也不全是牧師新創。

以基督文化救中國，早見廿世紀初五四運動文化改革 討論得如火如荼之際。Frank Rawlinson 在他的《 Naturalization of Christianity in China : A Study of the Relation of Christian and Chinese Idealism and Life 》(Shanghai :Presbyterin Mission Press, 1927）已曾指出，一九二零年三月 ，思想激進的陳獨秀，在《 La Jeunnesse 》（《 新青年》）撰文，提出中國須改用以耶穌基督生活和教導爲本的基督教道德教育（Chpt.1, p.1）。此外 ，態度較溫和的梁啓超，也認爲墨子其實是個小基督（ a small Christ ），亦是個大馬克思（big Max）（仝上）。

論思想，基督博愛和墨子「兼愛」相當接近。基督教主張以神之愛爲愛，與墨家之愛乃「尙同」於天，亦相類似。彼此在「共愛」的嚮往下，思想也同樣容易流於一切非個人所擁有的共產觀，因之並墮於專制極權。人們在嚴控下過教條式的生活，反而削弱了愛。

二十世紀，中華民族選擇了馬克思，拒絕了基督，結果帶來了毛澤東時代的人爲苦難。今天若嘗試接受耶教，類似的毛病，也亟須提防。

(05-09-09)

但求盡己：讀鄧麗瓊女士《舐犢情》而來的卑微點滴
（附「復敬進數言」）

（拙案：下文所論，純出國鍵追尋天父真理之一片赤誠之心。兼又才疏學淺，必多舛謬。如有冒撞，在此先乞閣下賜諒。——我罪我罪，我的重罪。）

（一）

鄧麗瓊女弟大作《舐犢情》（匯美書社，香港，**2005**。下文俱省作《舐》），一字一淚，感人至深。清儒王國維謂，好文章皆血淚書成。《舐》乃血淚之作，當可傳世。

文章血淚，來於苦難。沒經苦難，何來佳章？所以說，苦難對人是詛咒還是祝福，從來不易說。

（二）

事實是，福兮禍兮，向來是一幣兩面，影形相隨。老子言：「福兮禍之所伏，禍兮福之所倚。」你原以爲是福的，往往原來是禍。你認爲是禍的，很多時卻意外地是福。「塞翁失馬」，說的正是佛家子禍福無常的道理。夫福者禍者，都無實相，自非實質永恆。況世間之福也禍也，全在一念之轉。一念爲善即爲「福」，一念爲惡即爲「禍」。鄧姊妹謂「視之爲咒詛則爲咒詛，視之爲祝福而成祝福」（《舐》**p.21**），是很有中國傳統文化的佛道智慧的。

（三）

但凡宗教哲學，都努力於解釋人從何而來，往何而去。基督教相信「一切非偶然」（《舐》**p.19**），一切都在天父計劃之中。生命非偶然，苦難非偶然。福與樂，當然也不是偶然的了。殊不知「偶然」本身，亦未必定非天父所作，此其一；事事若執著於「一切非偶然」，祇會把世間上一切種種的幸和不幸，都算在天父的頭上，此其二。有人會因此而信仰更爲堅定如鄧姊妹，可也有人會藉此而把天賦自由之下、個人取捨犯錯因須承擔的責任，推得一乾二淨。人爲的災難如「九一一」，都是爲了成全父的旨意麼？項羽烏江自刎，大喊「天亡我也，非戰之罪也」，可真死不知錯哩！

（四）

人呢，除了生老病死沒得選擇外，日常生活，總離不開抉擇：吃？不吃？睡？不睡？怒？不怒？病了看醫生？不看醫生？信主？不信主？……。天父既賦人以選擇的自由，自是悉從尊便。至於取捨之間何者才算符合基督教義，國鍵不是《聖經》專家，靈性修養也極有限，沒資格瞎扯胡謅。不過，讀中國儒家文化講的那個「安」字，相信也算是一針見血的。

儒家講求心安，忠恕行仁，五十而知天命。基督徒之安心，乃在於「信望愛」，全心全力依基督之愛行事，把一切都付託天主。二者說的，無非都是「盡人事，聽天命」的道理。

佛家子呢，講的是安心於「如如不動」的絕然寂淨（涅槃）。人心不安，在於妄動，在於「染著」。人一旦染執於塵世種種「妄念」（包括榮華富貴、生老病死等等），苦痛自生。須知「長壽」「夭折」，「正常」「不正常」，統統都無實性，因此絕非永恆。萬色（物）既空（空性），何有分別？人若執著於孩子是否正常，苦惱算是自討的。

今日鄧姊妹終肯「放手」，明白了既已竭盡己力，放下便是自在。此實轉迷爲覺，福樂無限。如此身體力行，直教天天奢談基督仁恕，日日大講我佛慈悲，卻是知之易、行之難的凡夫如我，爲之愧顏。

（五）

能夠事事托付天父，以父旨爲旨，天堂之福，當下即是；能夠處處看破色空，轉迷爲覺，涅槃之樂，就在目前。基督徒的付託，佛家子的看破，儒學的知天命，講的同是一個聽從天命的道理。不過，順從天命不等如叫人諸事莫作，坐以待救。人不努力，天何救之？不問情由的順從，叫做「盲從」。雖則「天意向來高難問」，鄧姊妹也指出了人沒法明瞭神的心意（《舐》p.34），然而，作爲一個有理性的人，也得努力尋個究竟。這叫做「盡人事」。

故此，事事「付託」，不就是從此有病不問；處處看破，不代表此後任由生死。事事但「信」而不問，把「不見而信更有福」來個斷章曲解，徒助長迷信。基督教常常把教內外弟兄姊妹的理性提問，看成是對神的缺乏信心，甚或是對教會權威的挑戰，因而頗偏向於否定「尋根究底」（《舐》p.89），是很讓人奇怪的。「太初有道，道與上帝同在，道就是上帝」（約翰 1：1）。這個「道」，不就是「理」麼？既然是理，且更是真理，又怕什麼人問？難道盲信會比智信好？

（六）

將理性看成「異端」，是基督教會的重大缺失。亦因此，基督教向來視理性的自然科學爲洪水猛獸，甚至是反基督的罪惡根源。這一種傳統的敵視科學的態度，也不免見之於《舐》書。書中對人們的「迷信科學」、「科學萬能」，頗嗤之以鼻。論據是：昔日科學不進步的年代，人們更能坦然面對挑戰（《舐》p.78）。讀了也不免令人困惑。

自然科學並非魔鬼所造，它同樣乃天父所創，何解教會竟貶之如斯？自然科學說的「偶然」「隨意」（Random），難道就絕不可以也是神的產物？先進的醫藥令人減少痛苦，讓人防疾患於未然，豈能說必不是天父的恩賜？醫學進步，不正也彰顯了天父愛世人及其大能麼？至於如何好好利用科學，是善是惡，全在於人，殊不關乎科學。某重男輕女厲行一胎政策之大國，未開放前，國內天天發生殺女嬰慘事。難道是因爲她的醫學十分先進了麼？古代沒有先進的醫學預檢，人們就不會墮胎殺嬰了？

所以，天主教會今天還堅拒承認三百多年前錯把伽利略地球乃環繞太陽運行之行星而非宇宙中心之說定性爲「異端」，這種宗教上赤裸裸的原教旨主義式的僵化和反智態度，是很叫人失望的。

（七）

基督教會的反智態度，有時也見之於主內個別弟兄莫名其妙地對佛教的揶揄和踐踏。其實，基督徒若能對佛學多點理解，不難發現，佛學講的道理和天父聖道，辭雖不同，義非相左。

佛言轉迷爲覺，歸於無妄正念。這和我們棄罪從主，歸於基督正道，果真完全是對立的？

鄧姊妹經歷了多年的苦難折磨，悟出了名利雲煙，天福方真。從此也認識了「我」何其渺小，人力何其有限，這是很讓人敬佩的。人生苦痛，源於佛言之所謂「執我」，天天不停的「我我我」。豈知在天父面前，焉有「人」「我」？《聖經・約伯傳》，記的正是約伯太過有我，自認爲我已如何如何行善，我已如何如何事奉天主，何以我仍要受苦？何以天主仍容許魔鬼加害於我？心中口中，總就離不了「我」。殊不知在天主眼中，眾生皆兒女，什麼叫「你」？什麼叫「我」？此原罪之身，不多吃苦頭便須感恩，吃大苦乃屬當然。由原罪而有了生死，此身之受難受苦，乃事所必然。養育一個唐氏綜合症的孩子固是苦不堪言，讓人看了心痛。但在非洲天天面對著戰火貧病，糧藥兩缺，無數慈母抱著骨瘦如柴愛滋頻死的嬰孩，那種孤淒無助，她們背上的十字架，又豈會比鄧姊妹所揹的輕？所以，鄧姊妹引據約伯故事（《舐》p.87），讚美了約伯的順從，卻似還未讀得約伯之錯，是錯在他太過看重自己的那個「我」。

（八）

佛家亦認爲有「我」便有苦。苦，出於「無明煩惱」。無明煩惱，緣於本性寂淨之心之一念妄起。一念妄起就生了「我執」「法執」，有了「貪瞋痴」，從此墮入「有我」便有生即有死的六道輪迴。想深一層，此所謂妄念之起，此所謂「五蘊」之催生幻我，實與亞當夏娃之吃了知識樹的禁果，從此也就看見了「我」，也就有了慾望，生了妄念，結果世世也須爲此而付上了有生有死、受苦受難的沈重代價，甚相類似。

（九）

佛教謂人之覺悟，要靠自己的佛性（「自力」），基督教認爲人之得救，全仗救恩（「他力」）。「自力」「他力」，其實缺一不可。

佛教雖言清淨之性本在我心，但思想上卻無法完全解答此性此念終究從何而來。因此，佛教徒認爲神乃人之所創一論，終難完全確立。其自力得救，未免流於僅見其一，不見其二。殊不及基督教謂人之得救，條件有二（夫所謂條件，佛曰因緣也）：一爲主耶穌之降世，以其聖血洗赦人之原罪，此爲「他力」；一爲人須本著良心（佛言佛性）依基督聖訓行事，一生愛神愛人，此爲「自力」。缺一不能得永生。

今有基督徒經常拿起「他力」砸「自力」，倒是很令人十分費解的。單憑救恩而不自努力，難道就可以上得天堂了？

（十）

《舐》書中另一個引人思索的問題，是鄧姊妹教導孩子們，在天父那裏，人人有本「紀錄冊」。順從天父，便有「印仔」。「印仔」愈多，他日獎賞愈大（《舐》）p.62）。這一種把事奉天父的工作看成必然會有賞報、每天在算數恩典（《舐》p.96）的思想灌輸，亟須小心處理。因為，它很容易會引發孩子們施恩在於有報的功利思想，也會因之而忽略了唯有以歸向天主的純潔之心來作無私奉獻，才配享有百倍的賞報（馬可 10:28-31）。助人就是助人，事神就是事神。任何預計福報的妄念，必都糅雜了私利和私心。私我之心一長，很容易就墮入「我」之萬劫深淵。而所為之善，也即時多了一分計算，添加半份虛假。父若不賜賞報，我們就不該事奉祂了？也不該行善了麼？

還是中國人說得好：施恩莫望報。何況人之所謂善，是不是真善，是否真能憑自以為善的「善」而上得天堂，有時也很難說。因為，人就如何的自覺為善，他能否上得天堂，最終還要看「最後審判」時基督的裁決。上天堂下地獄，是人自己可以決定的嗎？

可惜世間僭越天父聖權的基督徒十分多。除了誰上天堂誰下地 獄竟是由他來判定之外，且為了在天堂上什麼「紀錄冊」內多蓋幾個「印仔」，不惜以天主之名，以暴力對待教外之民（包括語言暴力）。十字軍東征殺人無算固不必說，就近年某些教友對同性婚姻者的恣意辱罵、詛咒打壓，有時也令人大開眼界。唉，在天父面前，大家都是罪人，主耶穌有叫過你向犯了姦淫罪的淫婦擲石麼（約翰 8：1-10）？

（十一）

微生短若寄，榮辱瞬風逝。鏡花空有色，水月虛無體。天堂非必然，禍福誰可計。蜉蝣宇宙間，唯父是所歸。

若謂陋文稍有道理，願將榮耀歸於天父。若覺此文狗屁不通而欲置我地獄者，國鍵當欣然領受。若因我之入地獄而有助於他之登天國，何樂而不往耶？

此大乘佛學之所以精妙；此基督福音之所以宏大也。

二零零六年復活節半桶水天主教徒眇人潘國鍵昏眼於多倫多如心齋燈下。

（完）

附：復敬進數言

（一）遇事反省，乃事後反應，非事之本因。

（二）教會敵視「偶然」，因「偶然」不合天主創世之基本教義。

（三）「尤其那些發生在與神沒有父子關係的人身上的事，則很大可能與祂無關了」，正暴露部份基督徒有意無意地對人有著「你」「我」之分的小圈子心態。人，全都是天父兒女，和天父都有著不可磨滅的父子關係。祇是有些人不知道，又或者知而不認而已。

（四）How 之與 Why，該二者並重。耶穌宣講天國之道，不僅說 How，也常常解說著 Why。科學研究，注重求 Why。人雖能力有限，但決不會因今日未得答案，又或因無知者之胡猜亂度，便隨便貶抑這個 Why 的價值，甚或僅視之爲「無法釋懷的憤怒與不肯接納環境」。

（五）叫病人不要問 Why，相信祇是殖民地年代忙得要命的個別尊貴人士的特殊想法：「講你都唔明啦！」若在美加，解答病人任何有關他所患疾病的 Why 的問題，是醫生的基本責任。而老闆囑下屬辦事，大多也要交代一下 Why 的。

（六）正因香港人習慣了求 How 不甚求 Why，才養成一種急功近利、但求速成不尋因由的市民性格。公開考試，學生祇管如何捷徑求優，不一定想過爲什麼非優不可？有「優」而無實學，何用？人們祇懂如何發大財，未必會問爲什麼要發大財？遇上逆境，魔鬼誘他向它朝拜，他大概

也祇知即時問 **How**，未必能學習主耶穌基督，先去問一問 **Why**：贏得了全世界，卻失去自己的靈魂，又有何用？

（七）於是乎近日香港有位「巴士阿叔」，遇上了「我有壓力、你有壓力」時，也祇懂如何發洩，不懂先求個 **Why**：壓力緣何而來？是由於大家的名利心太重？是自己太過急於求成？又或太著意別人怎麼樣看自己？……。須知物欲愈多，壓力必然愈重。彼此「握一下手」就可解決問題了？唉，一日不放下名利，一日不去追隨主耶穌，相信這問題永遠還是「未解決」的。

（八）鄧麗瓊大作《舐犢情》，實也在爲信恆小弟弟的出生和缺疾，找尋個 **Why**。蒙主祝福，她找得了答案：「是要在他身上顯出神的作爲來。」（《舐》**p.21**）

（九）把人們對《聖經》的懷疑，看成是「對自我理解能力的無限膨脹」和「傲慢」，是基督教圈子裏面頗常慣用的思想邏輯。

（十）科學求真。爲了求真，它似乎沒曾把自己當成是絕對真理。正正因爲科學並不視自己爲絕對真理，才會容許「今天所謂的真理，明天便可能被全盤推翻」。中國共產黨可會讓人們推翻「毛澤東思想」這「真理」的麼？

（十一）罹染絕症，拼力尋求各種又或不同醫生的專業意見，乃人性之常。其中之苦痛和艱辛抉擇，國鍵祇能寄予無限同情，並努力代禱。局外指點，徒增病人及其家屬的困擾。

（十二）「悉從尊便」，不代表可以任意妄爲。人必須服從社會某種共認的道德標準（包括法律）。問題祇是，基督徒又或回教徒應否拿著自己聖經裏面的「大是大非」道德標準，不經理性討論但憑相信，便強加於多元文化社會一切眾生的身上（包括非教徒）？歷史血漬斑斑，很值得人們反省。

（十三）小兒信主，因爲他在生化實驗室顯微鏡下，看見了天父創造萬物的偉大，並不是爲了他日得上天堂的賞報。

（十四）《聖經》賞獎之說，大概也祇是把快樂寄望於天國的一種比喻。國鍵並不相信，在天國永生裏面，不同靈魂會有著不同的等級和不同待遇。

（十五）國鍵教兒，向來祇抱個理字，———己所不欲，勿施於人。天天講的，其實也祇是個 **Why**。人能對得住天地良心，就是快樂。快樂，便是賞報。既豐衣足食，還求些什麼禮物？歸善離惡，是做人的責任，不應涉有任何討價還價的賞報因素。僥幸小兒品學今似還可以。經驗是：在教育方面，以身作則、事事講理，比任何賞報來得重要和有效。

（十六）「印仔」確是「**positive reinforcement of positive behavior**」。但它祇該代表某種關懷、認同和嘉許。不一定要添加「他日保你上天堂」之類的利誘。否則乃係導人以利，不足以育人以仁。

（十七）父母子女情親，出於天性。今日基督徒面對的最大挑戰，不是如何親近天父，而是能否本著基督之愛，愛外間一切之人，親之如自己的家眷。撫心自問，這方面國鍵全不及格。唉，上天堂可真有我份兒麼？

（十八）「我罪、我罪，我的重罪」，句出天主教彌撒認罪文，算是開場白吧。

（十九）拙文論的是基督教朋友的普遍情況，非專對一人又或一書而發，亦不以一人爲交流對象。山外有山，人外有人。就對後輩而謙遜，也是應該的。

（二十）眼矇神倦，言該止此。性非好辯，錯當在我。但祈基督福音，遍播神州。此先師何世明法政牧師之宏志（著《世明文集》），亦卑僕之所切望也。願主祝祐吾中華民族。

二零零六年五月杪潘國鍵再白於多倫多。

(2006-04-20)

天主教與佛教思想札記
（附馬超教士及邵志釗先生意見摘要）

（一）前言

天主教（基督宗教。拙按，天主教、東正教、基督新教均屬基督宗教。下文之「基」，乃基督宗教之省畧，惟指的衹是天主教。）與佛教（釋教）在今日華人社會相當流行。二者教義雖自不同，然其旨趣，卻又未必絕然相悖：其一乃同樣探索苦惱人生從何而來，將往何而去；其二乃同樣教人如何超越生死煩惱，離苦得樂。今試舉二教所論，雖則皮毛之見，且礙於所識粗淺，而同一詞字，例如「神」「我」「罪」「業」之屬，二教各有不盡相同之概念與解讀，強將之並列，亦未必完全恰當，然亦冀藉下文所舉條目與簡析，引發讀者興趣。年老眼疾，請恕我無力一一註引典籍出處。錯漏之處，確又難免也。

正因如此，本文絕非一篇思想嚴密的學術文章，充其量衹算是國鍵多年來宗教信仰的筆記摘要，殊不足以完全如實並全盤反映兩教的觀點。敬希讀者垂察焉。

（二）有關於「神」的問題

（1）基：有神。聖父、聖子（耶穌）、聖神，三位一體。全知全能。
釋：無神。

（2）基：神乃「自有者」（出3：14），獨立存在，永恆不變，且可以自我主宰。神為一切物之「第一因」，即創造者。
釋：世無自有者，亦無獨立存在永恆不變、自我主宰之物。一切皆因緣和合相依相待而生。無所謂「第一因」，亦無所謂創造者。

（3）基：神創造人與宇宙萬物。「你一噓氣，萬物創成」（詠104：30）、「因天主的一句話，諸天造成；因上主的一口氣，萬象生成。」（詠33：6）人乃天主（神）按照自己的肖像而造（創1：27）。
釋：人與宇宙萬物，皆是因緣和合而成。人由「無明」「業感」相續而生死流轉。佛教不探索人從何而來的問題，因與修行無關。

（4）基：人須崇拜神。每周守安息日為聖日，乃十誡之一（出20：8）。
釋：佛亦是人。人不可崇拜佛，而祇可敬之為修行之導師。「頂禮」十方諸佛，出於恭敬心，絕非偶像崇拜。

（5）基：神有大能救人。也祇有通過耶穌基督，人才獲得救贖。此即《聖經》所常提及的「救世主」和「救恩」。（拙案：亦即必須靠賴主耶穌的聖死，世人才能重新得到救贖。）
釋：佛有能力救人。然所謂能力，亦不過是以身作則，教人修行方法，以離苦得樂。其能否得度（渡）佛境，最終還得靠賴自己。

（6）基：神對人賞獎、懲罰，有絕對權威。惟因天主仁慈，「良善的人，必得其善報。」（箴14：14）。由於賞罰分明，故此人也必「自食其果」（箴9：11）。
釋：佛莊嚴清淨，不賞不罰，並無獎懲之權威。一切皆因果，善善惡惡，俱自作而自受。

（三）有關於「罪」的問題

（1）基：人類先祖亞當和厄娃（夏娃）違背天主命令，偷吃知善惡樹上 的「禁果」，「二人的眼立即開了，發覺自己赤身露體」（創：3:7），看見了「我」而妄想「不要天主，超越天主，不從天主」（《教理》398條），也就有了「原罪」。從此，「我自出世便染上了罪惡，我的母親在罪惡中懷孕了我。」（詠51：7）從此也有了生死，有了世世代代無窮盡的苦痛。是孽。
釋：罪乃人由「無明」（痴闇、煩惱）為「我」而造之惡業。「貪瞋癡」之「我」，顛倒妄想，從此也就墮入有生有死之永世輪迴。因果相續，生死相繼，永無出期。是惡業。

（2）基：人類的「原罪」，必須經過並接受耶穌基督「聖死」的「聖血」，才能得到洗滌。在此「救恩」下原罪洗赦，才能拋棄自私自大的我，重回天主懷抱，得登天國樂園。

釋：人類的二障（煩惱障、所知障），要靠自己發大菩提心，修「六波羅蜜多」，努力精進，才能了斷「無明」和「貪瞋癡」。「無明」不起，不作惡業。煩惱斷盡，不再生死流轉而得達解脫。

（3）基：講「罪」。罪生於看見了「我」而妄想超越天主。

釋：講「業」。罪由惡業而來。業因惑生，人有「我執」。

（4）基：罪皆「人自己所造成的」（《教理》1458條），若求天主寬恕，人先得承認有罪，首先「痛悔」（《教理》1451條），「我要向上主承認我的罪孽」（詠32：5）。教堂彌撒，乃以同唸《認罪文》而開始。且又須常向神父辦「告解」、「告明罪過」，唸《上等痛悔經》，做各種「補贖」，包括禁食、祈禱和施捨（《教理》1434條）。

釋：惡由我作。佛家修行，自佛陀始，每半月有「布薩」：誦戒，向僧團或大德「發露」自己的罪過，懺悔，依戒律論懲處。

（四）有關於「命運」的問題

（1）基：生死榮辱，天主安排。「世人的歲月尚未來到以前，都已全部紀錄於冊表，都已全由你預先定好。」（詠：139：16）命運雖由天主預定，惟天父慈愛，人可以從榮神愛人的積極善行和誠心祈求之中，冀能獲得神的接納而有所改變。

釋：「成住壞空」，一切法皆因緣和合而生，緣散而滅。「無常」（沒有永恒不變）乃自然定律。人卻可以悟此道理而以悲心修福修慧，離苦得樂。亦即苦樂人生，乃善惡行為之果報，全由自己掌握，並無所謂預先安排之命運。

（2）基：人想改變個人命運，既要靠自己之歸主行善，不斷祈禱，亦要依賴神之慈愛和賜予。亦即既要「自力」，亦賴「他力」。但一切須服從天主。
釋：人無所謂既定之命運，一切皆自作之業報。要改善人生，全靠自己之修行，積善修福。佛陀亦是人，並無改變他人因果業報之能力。

（3）基：人類自染「原罪」墮落，肉身隨死後必歸塵土。並循《聖經》所預言，於「末日」來臨時經「最後審判」，其肉身復活，與其靈魂（合曰「全人」）或赴天堂，或墮煉獄、地獄。此乃人類之最後結局。
釋：人乃「五蘊」（色受想行識，即肉體與精神）和合而成，緣散則滅。五蘊之身敗壞，一期生命終結。隨業流轉，由業力牽引而六道輪迴生死。直至修行圓滿乃至成佛，方得解脫。解脫成佛乃佛教徒之終極歸趣。

（五）人生觀與事物觀

[A] 思想上：

（1）基：人之肉體，乃天主所造。因犯「原罪」，死後肉體塵歸於塵，土歸於土。塵世並無一個可以永存的我的肉身。故曰：「有哪一個人能夠常生不死？」（詠89:49）
釋：人乃五蘊和合之生命體，緣聚而生，緣散而滅，並無一個永恒存在的實我或其肉體。

（2）基：萬物乃天主所造，為實有。
釋：一切法（萬事萬物）皆緣生性空，假名安立，非實有，亦非實無。

（3）基：物乃實有。然人生短暫，「世人不過像一口氣，他的歲月如影消逝。」（詠144：4）人在世上的一切思念，原屬「虛幻」（詠94：11）。正是「你所創造的世人是多麼虛幻」（詠89：48）！故曰：「人生如泡影。」

（詠39）

釋：人與萬物，俱非實有。生滅相隨，「此有故彼有，此滅故彼滅」，絕非永恆不變。故曰「無常」，故曰「一切有為法，如夢幻泡影」（《金剛經》應化非真分第三十二）。

（4）基：神與宇宙萬物之關係，乃上下的直線式的主從關係。人是神的兒女，亦是祂的僕人。

釋：一切法平等，一切眾生平等。（按，佛教「眾生」，乃指「有情」，並不包括花草樹木。）佛與眾生皆平等，故一切眾生皆可成佛，並無上下的主從關係。

（5）基：人世短暫而虛幻，天堂永福方是真。

釋：人世無常皆虛幻，證得「真如」始屬真。

（6）基：活著的意義，是榮神愛人，天天事奉神，無條件地幫助他人，特別是那貧苦的。如此遂得升天國。

釋：活著的意義，是發大慈悲心，修行佛法，度己度人。沿此而皆得究竟解脫，且可成佛。

（7）基：事之對錯，依《聖經》及耶穌之「聖言」「聖訓」來判斷。亦即依《聖經》不依人（包括傳道人）。（拙按，天主教教義兩大泉源，一為《聖經》，一為「聖傳」。《聖經》絕不可改，教廷的「聖傳」非絕不可改。）

釋：行為處事是否正確，依「經」與「戒律」來判定（經乃佛陀所說的教法，戒律是佛陀制定行為所依止），亦「依法不依人」。

（8）基：人生僅此一世。既無「三世」，亦無「輪迴」。

釋：人若未證得究竟涅槃，則必世世於六道中輪迴流轉。須發願修行，斷盡煩惱，方可解脫。

（9）基：天主造人，人負有「生育繁殖」（創1：28）的神聖使命。

釋：生命乃惑業之果報。人當依戒節制淫欲，勤修清淨。

（10）基：天主創造人，也賜人以「自由意志」，讓人有選擇的自由。天主雖盡量不干涉人之自由，但不代表人之自由乃絕對自由。若「妄用自由」（《教理》387條），必自作而自受，有是因而得是果。亞當厄娃有偷吃「禁果」的自由，結果人從此便有了「原罪」。
釋：人世一切之「業」，不離因果，必自作而自受。

（11）基：眾人平等，皆天父兒女。
釋：眾生（一切有情）平等，皆可成佛。

（12）基：奉事天主，幫助貧疾，無私付出。既要助人，亦以救己。此為基督精神。
釋：大乘發願，眾生度盡，方證菩提。「度他」與「度己」緊緊相連，此為大菩薩精神。

（13）基：為追隨基督，須先「棄絕自己」，「必要喪失性命」（瑪16：24-25）。為主為人，可以無條件地奉獻自己的生命。
釋：佛陀為度眾生，不惜以身餵虎，抱的亦是捨己度人的菩薩心腸。

（14）基：「真福八端」（瑪 5：1），有福不因有智，祇因「信望愛」。
釋：「福慧雙修」。沒有福，就沒機會依法修行；沒有智慧，就沒有正知、正見。所以，在修行裏面，福慧同樣重要。

（15）基：真福雖然不由智慧所生，但不代表不重視智慧和理性。「智慧勝於武器。」（訓9:18）「智慧不進入存心不良的靈魂裏，也不住在一個屈服於罪惡的身體內。」（智1:4）「上主，你的工程是多麼偉大微妙。...無理性的人，不會明白這事。」（詠 92:6-7）
釋：「悲智相運」。雖是「無緣大慈，同體大悲」，然若無智，亦難以了斷生死煩惱而得證佛果。

（16）基：天主與人類萬物之存在及其秩序，皆實有本體。反對虛無主義。

釋：一切非實。所謂有，都是「假有」，全不過是剎那剎那間的方生方滅，方滅方生。既非虛無主義之絕對否定一切現在的東西和秩序，亦非實有思想之認定一切乃造物主所創而永不可改。亦即不執「兩邊」，既非實有，亦非實無。故曰：諸法緣起，無實自性，故非實有；緣生施設，非全無假體假用，故非實無。是謂「中道」。

（17）基：凡事信靠天主。

釋：凡事依教（佛的教法）而行。

（18）基：天父慈愛。信主求恕，可登天國。

釋：佛祖慈悲。放下屠刀，立地成佛。

（19）基：人有靈魂，天主創予。獸鳥有魂無靈，衹有人乃是「屬靈」。

釋：人既因緣和合而成，自無所謂永恆實有之靈魂。人與獸鳥一切眾生，皆屬有情，俱在六道（天上、人間、阿修羅、畜生、餓鬼、地獄）輪迴，要透過修行圓滿，方可解脫。

〔B〕行為上

（20）基：人生雖是「泡影」，若能榮神愛人，必可登天國。因此處處盼望，事事樂觀而積極。

釋：此生雖是虛幻，若能勤修福慧，發願往生極樂國土，必能成就。故而事事看透，卻又處處上進而積極。

（21）基：日常生活中，人須「愛主」「愛近人」，「沒有別的誡命比這兩條更大」（谷：12：31）。

釋：人須有慈悲之心。慈為「予樂」，悲為「拔苦」。亦即予人以樂，拔人之苦。慈悲乃修行之其一所本。

（22）基：天天唸經祈禱，認識並親近天主。

釋：天天唸經禮佛，親近善知識，共同修行成佛道。

（23）基：傳揚福音，以身作則。
釋：弘揚佛法，以身作則。

（24）基：救濟貧苦，善待弱小，便是事奉天主。
釋：熱衷布施（財施、法施、無畏施），既培養慈悲心，亦治慳貪念，為「六度波羅蜜多」（布施、持戒、忍辱、精進、禪定、智慧）之一。如此乃能有助到達彼岸，解脫成佛。

（25）基：可殺牲吃葷，但大時大節須守「大齋」，以紀念耶穌受難。平日則依規守「小齋」。守齋時要盡量減少吃肉，並減少進食的份量。
釋：大乘佛法不殺牲吃葷。因為「殺」與慈悲心大相違悖，故為五戒之一。因而主張持素。俗家弟子又或在特殊情況下而需要吃肉，亦當盡量吃「三淨肉」（非為我而殺者）。

（26）基：不求世間榮華富貴，因為「庶民不過是口氣，顯貴也無非是幻影，放在天秤上必然浮起，合計還比氣輕」（詠62：10），「因為他死時什麼也不能帶走」（詠49：18），而「金錢不能使任何人得救」（詠49：8）。
釋：放下一切世間虛假塵慾。榮華富貴，無非鏡花水月，皆屬虛幻。正是「萬般帶不走，唯有業隨身」。

（27）基：做人行事，以主耶穌為榜樣，背起十字架。
釋：做人行事，以佛陀為模式。「仰止唯佛陀，完成在人格；人成即佛成，是名真現實。」

（28）基：施比受更有福。
釋：施比受更有福。

（29）基：愛護殘障，為顯彰神的慈愛與萬能。
釋：殘障乃人前世之作業果報，須以更大的慈悲心使之得度。

（30）基：男女老少，天父兒女，須互相敬重。
釋：男女老少，一切眾生皆平等，須互相敬重。

（31）基：是就說是，非就說非，不可作假見證，乃十誡之一。
釋：不妄語，乃五戒之一。

（32）基：孝敬父母，乃十誡之一（出20：12）。
釋：孝順父母，尊敬師長，乃修「三福」（世福、戒福、行福）之一。

（33）基：不可殺人，乃十誡之一。
釋：不可殺生，乃五戒之一。

（34）基：不可姦淫，乃十誡之一。
釋：不邪淫，乃五戒之一。凡夫婦以外之淫，皆是「邪淫」。至於出家人，則一切之淫皆是犯戒。

（35）基：不可偷盜，乃十誡之一。
釋：不偷盜，乃五戒之一。

（36）基：可以飲酒。祝聖後之紅酒，且常帶有象徵基督寶血的神聖意義。變水為酒，亦耶穌初行之神蹟之一（若2）。
釋：不可飲酒，此五戒之一。因為酒可令人迷失自性，導致犯其他戒律。是以酒戒屬於遮戒。

（六）「得救」與「得度」之道

（1）基：因「信」而「得救」。惟「信」必須以「愛」為基礎。是以「信望愛」之中，以愛為最大。亦即所謂「信」，必須要在愛神愛人的實踐中方才可完成。
釋：以「四無量心」（慈悲喜捨）度眾，由修行而「得度」。慈悲之最高境界，乃「無緣大慈，同體大悲」。佛家之信，乃信真理、信「三寶」（佛、法、僧）、信能成佛道。而成佛道乃因對眾生慈悲，為普度一切眾生，故亦以慈悲為根本。佛家不言「愛」，因「愛」屬於「貪」，往往是一種「慾」。

（2）基：赦罪得仗神恩，得救依憑上主，是為「他力」。然「他力」之外，人亦須努力幫助弱小貧苦以取悅於神，仍要「自力」。

釋：佛家「易行道」中，「自力」（例如修三福、唸佛號）之外， 亦須依仗「他力」。「他力」乃以阿彌陀佛之願力互相影響，而得往生。「難行道」則全憑自己之修行。須發大悲願心、大菩提心，勤修六度萬行，斷盡煩惱。度人度己，都是「自力」。

（3）基：以耶穌為榜樣，於日常生活中，背起十字架，去除物慾 ，不貪戀現世名利。

釋：以佛陀釋迦牟尼為榜樣，發菩提心並勤修「戒定慧」，息滅貪瞋癡。

（4）基：遵守十誡，凡事禱告，榮神愛人。

釋：嚴守「五戒」，奉行「十善」。凡事破除我見我執，度人度己。

(5) 基：得救無論貧富，天堂絕非僅為富人而設。家境極其清寒的窮寡婦捐兩個小錢，已比富人所捐的「更多」（谷12:41-44）。且富人貪戀現世錢財，「駱駝穿過針孔，比富有的人進天主的國還容易」（谷10:25）。

釋：人皆可以成佛，富者並無優先權。貧女剪髮買油點燈供佛，此燈燃得最亮最久，因乃傾其所有而買（貧女遂得佛陀授記，十五世後終至成佛）。而錢財心愈重者，其能培養捨離之心亦愈難。

（6）基：要在生活中好好實踐，並將一切榮耀歸於上主。

釋：要在生活中好好實踐，並將一切功德迴向法界。

（七） 耶穌與釋迦牟尼

（1）基：耶穌在馬槽出世，身世寒微。

釋：佛陀釋迦牟尼生而太子，出身尊貴。

（2）基：耶穌「道成肉身」，既是神，亦是人。
釋：釋迦牟尼是佛，佛是人。「佛」字從「人」部，「弗」聲，是佛教傳入中國後新造的形聲字。佛乃覺者，得大涅槃大菩提之人也。

（3）基：耶穌示人以天國之真實，教人如何走過死亡的幽谷，戰勝死亡的恐懼。
釋：佛陀證得「緣起法」此宇宙規律，並開示眾生如何修行得度，永離生生死死之無邊恐懼與煩惱。

（4）基：耶穌在約旦河受洗。
釋：釋迦牟尼往尼連禪河洗濯。

（5）基：耶穌受洗後往曠野受魔鬼試探。耶穌不為所動，結果魔鬼無功而退。
釋：佛陀在菩提樹下得道前，受羣魔恐嚇擾亂，結果佛陀不為所動。

（6）基：耶穌以五餅二魚吃飽五千多人（瑪14：13-21）。此乃「神蹟」。
釋：釋迦牟尼弟子文殊師利菩薩以一缽喜歡丸供養八萬四千僧。其事約在公元前六世紀。是謂「神通」。

（八） 結語

天主教與佛教，各有所信，亦各有所本。孰優孰良，國鍵所學極其膚淺，何敢妄論。惟知二教信徒若能彼此多溝通、多瞭解，則廿一世紀宗教共融之大理想，又豈會僅僅是紙上之空談？

二零零七年秋八月眇人潘國鍵定稿於多倫多如心齋。時秋色初展，心平如鏡。

附錄（一） 香港信義會馬超教士讀後評論摘要

拙文蒙基督新教宣教士馬超校長閱覽，並賜寶貴意見，得益匪淺。感謝之餘，謹摘錄其要者如下，供讀者分享。時二零零八年春四月矣。

(1) 天主教，人乃天主按照自己的肖像而造。基督新教，「肖像」譯作「形像」（國鍵按，英文本《聖經》創世紀一章卄七節，So God created humankind in his image。Image譯作形像，確更恰當）。「形像」包括「神的聖潔、公義、慈愛，而不是『樣貌』」。
(2) 「神」是無形無體，「神」是個「靈」，故敬拜神並非「偶像崇拜」。
(3) 「知識樹」，基督新教譯作「智慧樹」。智慧與知識不同。（國鍵按，英文本《聖經》創世紀三章，寫的是good and evil與 wise，未必具現代的「知識」之義。天主教中文本《聖經》譯作「知善惡樹」。拙文不小心用了「知識樹」，誠向讀者致歉，並已將原文修訂。）
(4) 原罪並非因為「有智慧」，而是因為不服從（違背）上主之命令。「死」乃因為上主之命令不可改變。
(5) 人之「自大自私」與「原罪」無關。嬰孩沒有「自大自私」，却有「原罪」。
(6) 帖前：5:9，上帝不先預定我們受刑，乃是預定我們藉着主基督得救。
(7) 上主「預知」而非「預定」。
(8) 「積極行善」乃因「感恩」而作，而非「脫罪」的交換條件。
(9) 聖經並無「煉獄」之條，「煉獄」出自「次經」。
(10) 事奉神，幫助人，並非「得升天國」之條件，乃屬對「上主」之回報。
(11) 偷吃「禁果」並非出自「自由意志」，乃是「受魔鬼的誘惑」。
(12) 基督新教，「助人」並無「救己」之功效。
(13) 儆醒禱告，不是無意識的唸經。
(14) 基督教其他教派，並無「齋戒」之條(見林前) 。
(15) 「得救」不能靠「自力」。
(16) 佛教乃人生哲學，故云佛學。基督教乃天國信仰，有永生之道，故云基督教。學說與宗教，不能混為一談。然對人生哲理，却並無抵觸之處。

附錄（二） 主內弟兄邵志釗先生的回響

拙文《天主教與佛教思想札記》，蒙基督新教馬超教士賜以寶貴意見，今又得主內弟兄天主教網上福傳學校導師（Tutor）邵志釗先生（Francis Siu）對馬教士的意見作出回響，何幸之甚。實在要感謝天主了。邵先生於天主教理及中國文字工夫均修養甚深。他的意見，也很能代表天主教徒一般的想法，是很值得我們好好參考的。謹將邵先生所賜大文，錄之如下：

1· 首先，我們的聖經不應按英文聖經翻譯。因為英文聖經譯自希臘文，而希臘文聖經則譯自希伯萊文或阿剌美文。可見重重翻譯，失真度非常高。為何基督新教要從英文本聖經翻譯成中文呢？原因是數百年前，當新教傳教士來華時，懂中英文雙語的人可以找到，懂中文和希臘文幾乎沒有，更何況要懂希伯萊文或阿剌美文。最速成的方法當然是放棄求『真』，只求『快』和『簡』。故此出現些一望而知的英國人名字。如『大偉』譯自David，『比得』譯自Peter等。脫離了猶太人父母叫他們名字的發音。難道聖經上的人物（包括十二位宗徒）都是英國人嗎？但是，新教也不敢把Jesus譯作『知瑟士』，原因是聖母叫祂『耶穌』。（相信大家在The passion of the Christ電影中聽得很清楚）。天主教『思高聖經學會』，由懂希臘文，希伯萊文及阿剌美文的神父和聖經學者從最古的聖經原文翻譯出中文聖經。而『達味』，『梅瑟』，『伯多祿』，『保祿』等等都是根據他們的原本發音而譯。故此，創世紀一章廿七節的譯文是『天主於是照自己的肖像造了人』。根據該聖經的註解：『人相似天主是按靈魂說的，相似天主有理智，意志和記憶』。注意：『天主是無形無象的純神』，故此人類亦只可『肖似』天主而不可『形似』天主。
（國鍵按：《辭海》「肖像」條，圖像以肖其人者，謂之肖像。）

2. 天主教亦反對拜偶像。至於聖堂內的聖像和十字架苦像，作用只在『睹物思賢』，並不會視該等物品為有『超自然力量的神秘物品』。況且，在舊約天主亦訓令梅瑟(新教的摩西)樹立銅蛇，作為治病的標記。在新約，天主亦把基督給我們作為得救的『形像標記』(icon)。

3. 按『思高聖經學會』聖經，第三章只提到『。。。中央那棵樹』。你可能是指第二章第九節，『上主天主使地面生出各種好看好吃的果樹，生命樹和知善惡樹在樂園中央』。
（國鍵按：拙文將「知善惡樹」書作「知識樹」，謹向讀者致歉。創世紀二章九節英文「the tree of the knowledge of good and evil」，有譯作「智慧樹」、「知識樹」、「知識善惡樹」、「善惡樹」等。吾教會則譯作「知善惡樹」，當從吾教會。）

4. 照我理解，原罪是因為原祖父母驕傲，違抗天主命令，妄想與天主看齊。結果失掉天主原來賞賜的福樂，再不能由子女繼承。世人要從此捱苦，至『死』才可結束。故此，天主派了「革魯賓」和刀光四射的火劍，防守到生命樹去的路』。否則，人吃了生命樹的果子，永遠不死，要無窮無盡地受苦。（見創世紀 3: 24）。

5. 嬰兒原罪（意即被逮奪原有福樂）是承繼而來的。並非嬰兒本身犯了罪。見上題解釋。

6. 得撒洛尼前書(帖前)5: 9 -11(按思高聖經)『因為天主沒有揀定我們為洩怒，而是藉我們的主耶穌基督為獲得拯救，祂為我們死了，為叫我們不論醒寤或睡眠，都同祂一起生活。為此，你們應互相安慰，彼此建樹，就如你們所行的』。

7. 同意。

8. 同意。

9. 聖經原本便是73卷。我們今天用的聖經早在公元 382 年的（Fourth Council of Rome）訂定 (canonized)，再在公元 1546 年的特倫多大公會議 (The Ecumenical Council of Trent) 確認。換句話說，在馬丁路德神父分裂教會前一直沿用著。根本沒有所謂『次經』。再者，二次大戰後，在以色列死海發現的『死海殘卷』，亦證實這七卷有希伯萊文版。故此不可能是『次經』或『偽經』。

10. 對，天國並非人憑自力能賺取。人需經由基督獲取『信德』，但是『信德』亦要有相應的行動。沒有行動的『信』是死的，是假的。

11. 偷吃「禁果」的動機來自魔鬼的誘惑。但不要忘記原祖是完全有自由去幹或不去幹。去聽天主話或不聽天主話。

12. 愛人助人履行了天主『愛的誡命』，自然會獲得天主恩寵。雖然不是得救的交換條件，善人獲得救恩比惡人的機會高得多吧。

13. 祈禱包括口禱和心禱，只要唸經的人全心全意放入字句裡，所謂潛移默化，有何不妥？新教也有唸『主禱文』，『使徒信經』，『尼西亞信經』和『謝飯歌』。

14. 應該說新教廢除了『守齋』，他們離開天主教前也有『守齋』。參閱馬爾谷 9: 29有關抗拒魔誘。『耶穌對他們說:「這一類，非用祈禱【和禁食】，是不能趕出去的。」』。此外耶穌也曾退到郊野，祈禱和『禁食』40日。難道，祂也做錯了?

15. 參閱14。

16.佛不是創世者，亦不是神。『釋迦牟尼』說佛是『覺者』，是任何一個修行者都可以達到的一個超然境界--『佛』而已。

『思高聖經學會』翻譯的聖經是一本非常認真和嚴謹的譯本，我極力推薦 潘老師購置一本，以供參考。

（國鍵按：十分感謝邵先生的推介，這確是一部好譯本。國鍵在慕道班時，讀的正是這思高譯本。稍為可惜的是，譯文間中頗嫌艱澀，未易令人容易讀得明白。黃川田神父因此也曾惠贈國鍵《牧靈聖經》。還是看不懂的時候，不得已便要參考其他版本了。國鍵手頭上除了上述的兩個版本外，還有基督新教的現代中文譯本和 Good News Bible (Today's English Version) ， 與及天主教的Holy Bible (NRSV, Catholic Edition) 和 The Catholic Youth Bible (International Edition, Saint Mary's Press)。 讀思高聖經學會譯的中文聖經而需要東翻西查，有時也令人相當感慨。）

公元七世紀至十九世紀天主教來華傳教史畧

（一） 公元七世紀至十三世紀：唐宋之景教

公元三世紀，據當時阿諾皮烏斯（Arnobius）所記，基督福音已傳入中國，惜今並無實據。

公元七世紀初，基督福音則確實傳入中國，名曰「景教」。據《大秦景教流行中國碑》，唐太宗貞觀九年（六三五），景教阿羅本到達長安，太宗命宰相房玄齡迎接。由於「詳其教旨……，濟物利人，宜行天下」，政府遂於長安建造「大秦寺」一所，有「度僧廿一人」。唐高宗時（六五零至六八三），且曾廣於全國各地建立景寺，「法流十道，寺滿百城」。（按，唐太宗分全國地方爲十道。「道」猶今之「省」。）

唐武宗會昌五年（八四五）下詔滅佛，景教同時被禁。

公元十世紀，宋太宗雍熙四年（九八七），最後一位在華景教教士那濟蘭（Najaran）離開中國。長安景教大秦寺亦落入佛道之手。惟是，基督教在居於華北地區之少數民族例如畏吾兒、怯列等族，仍繼續流傳。

公元十三世紀初即南宋年間，長安大秦寺已淪爲廢墟。

（二）公元十三世紀末至十四世紀：元代之也里可溫與傳教士之東來

早於南宋理宗淳祐五年（一二四五）及十二年（一二五二），方濟各會教士（Franciscans）若望柏朗嘉賓（John of Piano Corpine）與威廉羅伯魯（William of Rubruck）受教宗依諾森四世（Innocent IV）委派，曾先後率團東來，往見蒙古各部之可汗。

公元十三世紀末葉由蒙古人建立之元代，統稱基督教爲「十字教」（教堂曰「十字寺」），或「也里可溫」（Arkagun）。「也里可溫」可解作「福分人」，又或「上帝」（也里）之「子」（可溫）。元政府設「崇福司」掌理也里可溫。時十字寺散見各地。就鎮江一處，已有教徒約二百十五人。且與其他宗教信徒一樣，享有停止軍籍、豁免徭役租稅等權利。

元世祖至元二十六年（一二八九），方濟各會教士孟高維諾（**J. de Monte Corvino**）東來， 有教宗尼古拉四世（**Nicolas**Ⅳ）致世祖書扎。約一二九三年孟氏到達汗八里（元大都，今北京）。一三零七年，教宗克萊孟五世（**Clement V**）設汗八里為總主教區，委孟氏為總主教，統轄中國南北方各處主教。教宗並祝聖方濟各會主教七人，命其赴華協助孟氏。

公元一三二四年至一三二八年，方濟各會教士和德理（**Bl. Odoric of Pordenone**）從義大利經印度到達中國。

公元一三三三年，教廷聞悉孟氏逝世，教宗若望第二十二（**John XXII**）曾任命新的汗八里總主教來華，惜其未曾到達中國。公元一三三六年，在華的信奉基督教的伊朗裔部落酋長們，亦曾致函教宗，報告新主教未曾到達汗八里一事，並要求教宗重新遣派。一三三八年，元政府派遣之使節團抵達亞維農（**Avignon**），上書教宗，表達不滿與困難。加上要回應伊朗裔酋長們的要求，教宗本篤十二世（**Benedict XII**）遂派遣方濟各會之若望馬黎諾里（**John de Marignolli**）等人率團來華。馬氏於一三四二年八月抵達汗八里，居留至一三四五年歲末。一三四八年至一三五零年，黑死病在印度爆發，迅速蔓延至中東及歐洲。中亞一帶，三分之二修士在此瘟疫中身亡。未幾，復因蒙古帝國崩潰，戰爭為禍，中西從此隔斷幾二百年之久。

（三）公元十六世紀至十七世紀：耶穌會及各會教士來華與天主教之昌盛及其原因

十五世紀末葉，由於歐亞新航路之發現，十六世紀中西海上交通日趨頻繁，展開天主教教士來華傳教的新一頁。公元一五五一年（明世宗嘉靖三十年），耶穌會士（**Society of Jesus**）聖方濟各沙勿略（**S. Francesco Xavier**）抵達廣東澳門外之上川島，盼隨貢使入京，以便傳教，未果而卒於島上。一五五三年，葡人在澳門首建殖民區，區內住有葡商及傳教士。未幾，葡萄牙司鐸巴萊多（Melchoir Nunez Barreto）與公撒萊士（Gregorio Gonzalez）在澳門成立教會。巴公二氏從此長居澳門，曾短訪廣州。隨後，甚至來自馬尼拉（Manila）之教士們，亦嘗往廣州探訪。一五六七年，加奈羅（Melchior Carneiro）受命爲「宗座署理」，管理遠東福傳工作。一五七六年，加氏被委爲澳門第一任主教，負責澳門、中國、日韓、蒙古與印支等地區之福傳事務，同年前赴澳門就職。然均未能進入中國內地宣教。

十六世紀末葉，真正能够進入中國傳道並取得成果的，是獲得耶穌會神父意大利人范禮安（Alexander Valignani）全力支持之耶穌會教士意大利人利瑪竇（Matthaeus Ricci）與羅明堅（Michael Ruggieri）。羅明堅且是外國教士最先以中文撰寫教理書《聖教實錄》（一五八四年明神宗萬曆十二年刋）者。

利瑪竇於一五八二年抵達澳門，跟隨羅明堅往肇慶傳教。其後羅明堅返歐洲，利氏則繼續在國內各地如肇慶、南京、南昌等地居住及傳教。利氏習華語，穿華服，改華名曰「利泰西」，復於天文地理曆算等均學識淵博，深得當時士大夫器重。一六零零年，利氏啓程前赴北京，向神宗貢方物（包括萬國輿圖，自鳴鐘，天主聖像等物。按，此天主聖像乃指耶穌與聖母等聖像），獲神宗接見及嘉許，並准其居住京師，建堂傳教。利氏與朝臣徐光啓、李之藻等結爲友好。天主教在中國遂再流播。一六零五年，北京有天主教徒二百多人。一六一零年，利氏病歿，葬於北京，享年五十八歲。

十七世紀明末清初之世，來華傳教除耶穌會教士之外，尙有方濟各會（Franciscans）、多明我會（Dominicans）、奧斯定會（Augustinians）之教士。而來華教士如利瑪竇、龐廸我（Didacus de Pantoja）、龍華民（Nicolaus Longobardi）、熊三拔（Sebastianus de Ursis）、艾儒畧（Julius Aleni）、湯若望（Joannes Adam Schall von Bell）、南懷仁（Ferdinandus Verbiest）、畢方濟（Franciscus Sambiasi）等人，皆學富五車，對中西文化

交流例如西洋數學、物理學、機械工程學、天文學、曆學、地理學、生物學、醫學、哲學、語文學、音樂、圖畫、建築等之傳入中國，中國「四書五經」如《大學》《中庸》《孟子》《論語》《詩經》《易經》等之翻譯與理學及書畫之傳入歐洲，均貢獻極大。中國近代科技與思想文明之進步，十八世紀歐洲崇尚理性與自由之「啓蒙運動」（**Enlightenment**）與活潑生動之「羅柯柯」（**Rococo**）藝術風格之興起，無不直接受其影響。

至於在中國傳教，亦頗成功。據統計，由一六一零年利瑪竇逝世時全國教徒之不少於二千五百人，到一六七零年清代康熙九年時，已劇增至二十七萬餘人（耶穌會教友佔近二十六萬）。此數尚未包括澳門逾萬之教友在內。而福音到達之處，已遍及全國十三省，僅雲南貴州尚未傳入。至於台灣，則始自一六一九年，多明我會神父亦已在基隆、淡水、宜蘭等地開展宣教工作。

明清之際，教會日漸昌盛。利瑪竇等傳教士採取以傳授科學幫助傳教之「以學輔教」和先由士大夫及達官貴人入手由上而下的策略，兼且通華語，讀孔孟，守法安分，誠意推動文教，又提倡天主教與儒學相調和，並容許祀祖祭孔以示權宜等等，都是此時期天主教能夠在中國花繁葉茂的重要因素。

（四）元十八世紀至十九世紀：康雍乾嘉之禁教及其因由

惟是，在此古老文化大國宣揚天主聖教，必非全無阻滯。明清之際佛教與天主教之互攻及爭辯，天主教之「靈魂」與儒家理學之「道體」畢竟又不相同，本已矛盾甚多。復加不同教會（包括耶穌會內部）對於應否容許中國教徒保留祀祖祭孔之社會風俗（按，利瑪竇認爲中國古籍之「天」或「上帝」，與拉丁文之「**Deus**」亦即「神」並無區別。且又不以爲中國人祀祖祭孔爲迷信。方濟各會則持不同意見），因而引發「禮儀問題」（**Question of Rites**）之爭議，而教廷爲此屢頒禁止祀祖祭孔之令等等磨擦(按，早於一六四五年順治二年，羅馬教廷已曾發出針對中國人祀祖祭孔等「中國禮儀」之禁令。幾經評估抉擇，復於一七零五年、一七一五年及一七四二年，再明令禁止），終於引來清政府之極大反彈。雖則一七零五年至一七零七年教宗克萊孟十一世（**Clement XI**）曾派鐸羅（**Mailard de Tournon**）來華，而教廷又於一七二一年再遣嘉樂（**C.A. Mezzabarba**）前來商討「禮儀之爭」事宜，然而，一七一五年康　五十四年，清政府已明令完全禁絕天主教。從此鄙之「洋教」，視作「西洋人等小人，如何言得中國之大理」。

當日教廷之數下禁令，無乃令中國天主教自絕於中國知識階層。蓋清代習慣，兒童入學，即須拜孔子。每逢初一十五，進士、舉人、生員亦必須入孔廟行禮。況教廷之禁止教徒進入祖先祠堂行禮，亦令中國天主教徒立墮於數典忘宗、不言孝道之「非我族類」。加上時人對天主教義之曲解，個別教士又曾參加宗室權力鬥爭活動，政府對洋人佔據澳門、台灣之猜疑等等原因，結果自雍正以後一百二十年間，天主教上爲朝廷與地方政府所禁止，下爲民間士庶所排斥。凡敢傳教或私藏教會經本十字架等物，均處以極刑。其弊且至於公元十九世紀中葉「鴉片戰爭」五口通商之後，來華教士雖獲局部之傳教自由，然士大夫之不屑於入教，而教徒與非教徒彼此衝突又導致「教案」迭生，福傳事工，難免舉步維艱。

（完）

資料來源：（**1**）方豪神父《中西交通史》，台灣中華文化出版事業委員會，一九六八年四版。
（**2**）田英傑神父（**Fr. Sergio Ticozzi**）提供之補充史料。

四百年隱患：試為天主教中土化把一下脈

（拙按：本文所述，僅國鍵信仰生活的某些個人的感受，絕不代表所屬天主教中華殉道聖人堂的立場。且由於國鍵對神學一無所知，對聖教會的歷史亦認識有限，本文必然乖舛殊多，難登大雅。懇求聖教會恕我一片赤誠，並乞讀者垂察焉。）

（一）

春節剛過，凜風暮雪，應約拜訪學富五車的尹雅白神父。大家讀書人，話匣子一開，少不免就扯往宗教和文化的話題。據國鍵所知，教廷近年推動福傳「本土化」(Inculturation。按，以人事制度言，謂之「本地化」；以文化藝術言，謂之「本位化」)，已故教宗若望保祿二世指出，福音須在本土文化的血肉中成長（Incarnation），並當以之融入整體教會這大家庭內。耶穌基督之道成肉身，與天主聖言之活在不同文化之肉身之內，同屬天主的奧迹（均畧譯自梵蒂岡網頁）。若在中國而言，則實為中土化矣。而此畢竟亦是十六世紀利瑪竇以來的舊物。利氏對於推動福傳中土化，並努力於擺脫天主教「洋教」的形象，務使福音與中國傳統文化相容甚者相融，不遺餘力。祇可惜太多洋教士目光短窄，利氏所下的工夫，在十七和十八世紀「禮儀之爭」等等聖教內外長期的矛盾與紛擾之下，幾乎全都白費。

（二）

當然，福傳中土化，本就說時容易做時難。算是沒有了「禮儀問題」，也沒有了各種帶有侵畧色彩的政治盤算，中土化想要成功，也絕非容易。原因是：

（1）近世天主教之西洋文化，向來自視奇高，對於外邦文化，有意無意抱存帝國主義式的征服心態。中國文化向亦睥睨四海，天主教中土化自然也成了天方夜譚。

（2）利氏之所謂華化，大多是表面而且權宜，並非真心真意融入中國文化。因而明清在華之天主教，雖傳入了西洋科學、哲學及藝術等物，然其思想文化始終與中國文化精神格格不入。其不背道而馳，已是萬幸。

（三）

十八世紀中葉以降，天主教福傳在中土化遇上的種種挫折，並不因為中國人無法相信宇宙間有個天主。「舉頭三尺有神明」，中國人大多數不是無神論者。在中國的歷史裏面，連否定靈魂的無神論的佛教道理，也可以在中國文化土壤之上成了血肉（據佛理，血肉乃「假有」，不同於吾聖教之真有），既有完全屬於中國的佛像（如觀世音菩薩像等），也有大量融合中國傳統思想文化的故事、禪詩、佛語。讀一下唐代寒山大師的禪句：「吾心似秋月，碧潭清皎潔；無物堪比倫，教我如何說？」這種由情景交融「欲辯忘言」而塑造的超越物質世界的明潔意境，極足撫動人心，正亦儒家所追求的誠誠明明的至光至明的至善境界。其實，吾聖教所傳揚的天主之大愛，又何嘗不是至高至潔，同樣是「無物堪比倫，教我如何說」？何以四百年聖教中國福傳事業，今日竟仍如此之不濟？

（四）

尹神父指出，洋教士來華福傳之初，很多都以文化征服者而自居。亦因此，早期的華人神父，大多也祇配做洋教士的助手。

這一種尊洋卑華的心態，大概要到二十世紀初期，在義大利人剛恆毅總主教（後擢陞樞機，**Cardinal Celso Costantini**）與比利時人雷鳴遠神父（**Fr. Frederic VincentLebbe**）等大力推動下，一九二六年十月卄八日，教宗比約十一世在羅馬親自祝聖了六位中國籍神父做主教，才有了劃時代的改變。不過，若從中土化的角度來看，祝聖華人神父做主教這等俗世浮名的賜予，未必會有太大的作用。反而雷神父在福傳中努力於融貫儒家仁義之說，一幀「生於憂患」的親筆墨寶，既展示對中國孟子「生於憂患，死於安樂」的共融及對中國傳統書法藝術的愛好，復加上他所發三願「絕財、絕色、絕意」與及所作「常喜樂」等格語（曹立珊神父《春風十年》），無不顯示他對佛陀勸人斷除「財色名食睡」之「五欲」，以修得「常樂我淨」涅槃之「四德」之兼融。在中土化來說，才算是走對了路。

（五）

德不孤，必有鄰。二十世紀初葉，前來中國福傳而鍾情於中土化的，當然也不僅雷神父一人，至少還有一九二二年在南京創立基督教叢林「道風山」的挪威人艾香德牧師（**Karl Ludvig Reichelt**）。一九三零年，道風山重建於香港沙田，一切建築設施，悉仿佛道寺觀。道風山標誌用「蓮花十字架」，祈禱室稱「蓮花洞」，禮拜堂曰「景尊寶殿」（基督教唐代來華時稱「景教」）。禮拜詞句、聖詩，亦甚具佛教色彩。例如「認罪禱告文」有「十方世界」「發大慈悲」「苦海滔滔」等語，旨欲吸引佛教徒皈依基督。一九九一年國鍵曾帶領學生前往實地考察，見寶殿壁掛一爿張祝齡牧師書的木刻匾橫披「聖子讚」，調寄「滿江紅」，詞曰：

「以馬內利留奇蹟，
人神注目；
頌景尊三一妙身，
犧牲救贖。
十架全供身與血，
一生卑處人和僕；
驗預言碎了老蛇頭，
也傷足。

魂託父拔死鏃，
殿幔裂靈交續；
望空墳，
復活沐膏基督。
罪徒幸飲神羔血，
信裔欣餐人子肉；
作新民契合彌施阿，
賜永福。」

其中國文化之色彩，不謂不濃厚者矣。

（六）

然而，天主教又或基督新教中土化之大業，殊不能單靠熱愛中華文化的一兩位洋神父洋牧師可竟其功。唐代佛教之所以能中土化，因爲當日有完全獻身佛教弘法大業之釋玄奘、釋慧能這等有大抱負大智慧的法師大德。佛教自西漢末約公元前一世紀傳入中國，不四五百年而魏晉南北朝大盛，且出了個法顯這等偉大的中國僧人。魏晉之後，在中國，無論文學書畫雕刻建築，以至於士庶日常生活，已無處不見有佛教的踪影。可天主教呢？就不計唐宋時代之景教，若從十六世紀明末利瑪竇來華算起，至今亦四百年啦，聖教可對中國本土文化產生過實質而重大的影響麼？恐或有之，吾未之見也。

（七）

天主教與中國文化之疏離，要解釋其實也不太困難。一語以蔽之，乃昔日聖教會之固執與反知，自絕於中國高級知識份子即所謂「士大夫階層」使之然也。佛教成爲中國唐宋及以後士大夫晚年退休相當流行的生活方式和心靈歸宿，例如唐代白居易晚年與香山詩僧如滿成立香火社，自號「香山居士」，宋代歐陽修晚年自稱「六一居士」，而蘇軾（東坡）與摯友法印和尚那「八風吹不動」的故事，更屬膾炙人口。今日與佛結緣的華人高級知識份子，殊亦不少。前年來多倫多市弘法的潘宗光教授，固享大名。而二零零三年「沙士」後特爲港人書寫《般若波羅蜜多心經》的饒宗頤教授，可更是幾乎無人不識的國學大師了。近年，在福傳上較爲進取的基督新教，還能有陳耀南教授，又或以敢言見稱的黃毓民教授和多倫多的蘇庚哲博士之受浸歸主，令人驚喜。其比諸佛教雖屬小巫，但看在國鍵這天主教徒的眼裏，能不爲聖教會的福傳而傷心？

（八）

昔日聖教會洋尊華卑，固成了中國福傳之一大絆脚石。而個別神職人員在宣揚教義時所表現之反知態度，雖則未必存心，然亦足令中國高級知識份子聽之而訕笑。中國人固重視溫情，但也十分推崇智慧和理性。《論語·憲問》，子曰：「仁者不憂，智者不惑，勇者不懼。」智仁勇向來是中國文化核心價值觀。由印度天竺西來的佛教，其能廣爲中國士大夫喜好，一見而投緣，多少是因爲佛學除講「慈悲」之仁外，復強調「大般若」之「智」。此所謂「悲智相混」，得證「菩提」（覺）也。論理，佛家之所謂「般若智」，未必與俗世之所謂智慧同義，然而，就此「般若」，已甚迎合中國傳統知識份子愛好思辯追求智慧和真道的心理。

（九）

佛家提出「悲智願行」。在天主教的「信望愛」裏面，偏偏就缺了個智字。在中國人心目中呢，卻須情（仁）理（智）兼備，方算道理。單靠主耶穌「聖死」的無上慈悲來感動人心，若無合理之教義作支持，這種僅憑情感衝動的皈依，未必人人可以持久。況且，宗教若不走「智信」的道路，也甚易走上「盲信」甚或「迷信」的舛途，不可不慎。

（十）

且舉兩個反知的例子：其一，近年個別天主教徒和神職人員之有意無意間之鄙視高學歷，唾棄新科學，常舉出十二宗徒都是無財無勢無學識的凡夫為證，即結論為天主祇會揀選這等凡夫去福傳，也祇有這凡夫才有福氣進天國云云，這算是什麼道理？難道有大智慧有大學問的聖奧古斯丁（**Saint Augustine, AD354-430**），就沒資格去福傳，也不配上天堂了？

其二，耶穌復活後，十二門徒之一的多默（**Thomas**），因沒曾親眼看見耶穌顯現，是以不信。耶穌顯現並對多默說：「那些沒有看見而相信的，才是有福的。」（若**20:29b**），確實是當頭棒喝。因為，人們若要憑肉眼之所見才信，不會是真信。此正佛家所言，人由眼目而見之「色」（物象），俱因緣而成，非真有實有，亦非永恆不變，故謂之「假」，謂之「無常」。無常故苦。且不談佛家言眼目所見相當局限，就天主教義來說，亦沒有天主定要施行神迹求人相信的道理。沒有神迹，難道便不該信了？大概是由於這原故吧，耶穌行神迹時，最擔心的，也就是人們這種先見後信依戀神迹的心態。殊不知肉眼所「見」不足恃，惟有經過靈魂深處之思考和感動方是真，那信仰才得堅實，才不會瘋狂追逐「神迹」，妄想「我有神力」，輕易受聖教會還未確認的不一定是真的表象所迷惑。不見而信，確實是有福的。耶穌施行神迹，竊意認為，頗類似佛教弘法時之所謂「對機」，因對象不同，傳福音時用上不同的方法而已。遺憾的是，人們對耶穌為要教導多默不要見神迹才去相信而顯現與多默相見的這一神迹，反而大力渲染，並進一步解釋為不問不思乃「信德」，教人連理性也要扔掉，不思而信。此不但言甚牽強，而且沒曾好好學習耶穌對多默的教誨，並引之以為鑑。

（十一）

這等反知的見解，時不時也會在神職人員的證道之中出現。耶穌說的「漁夫」「漁人」，偶爾亦會莫名其妙地給掛上一點類似昔日中國無產階級愈窮愈無知識而愈紅而愈能革命的愚民色彩。這不但讓稍有頭腦的人大惑不解，其令高級知識份子聞之而卻步，信亦理之必然。須知現代社會與耶穌十二門徒時大不相同，耶穌若今天揀選門徒，又豈會僅限於那些目不識丁的漁夫？

耶穌會輕視知識和學問麼？祂會鄙視理性和智慧麼？《聖經》之中，所知並無實據。耶穌所最厭惡的，祇是法利塞人那種抱殘守缺不知通變的冷冰冰的所謂律法知識而已。在這一點來說，耶穌確又沒錯。滿腦子的死知識（包括教條主義），又何能成就事奉天主滿有生機的大學問？

國鍵在這裏絕非存意貶低庸愚，事實國鍵亦其中的一個。國鍵祇想說，知識和學問在基督眼中，應該不會是罪。倒反是那些怠惰於學的人，才會鄙視知識，也因而極容易在腦袋空白思想乾涸之下，墮入信仰上的死胡同。為求肯定自我存在價值，有些還走上了依靠和宣揚「神迹」的導人迷信的歪途。這是十分之可憐的。

（十二）

利瑪竇和艾香德的飲恨，說明了基督教中土化若僅在語言上和形式上下工夫，未必會有太大的效用。而在排斥知識學問的反知的困局裏面，為要招徠信眾，充其量亦祇能搞個天主教的「黃大仙」，替無知的愚夫愚婦僻邪治病，祈福轉運。這對聖教的紮根並融合中國文化的中土化大業，了無幫助。天主教中土化既不能單靠外來的洋人來完成，那中國教會裏面能有多幾位類似佛教法顯玄奘等生活刻苦、一生追求學問獻身宗教大業的大德善牧，也許才是功成的其一關鍵所在。若中國聖教會沒能多與學術和文化界溝通，沒法在中國天主教的文學和藝術上加入更多的中國本土的元素，則天主教始終必還是西洋的舶來之物，中土化也免不了祇屬一紙空談。且不言高深的宗哲文學了，今天天主教華人教堂裏面，就連一幅半幅製作不難的有關天主的中國書法國畫，也未必容易找得。中土化？唉，路漫漫兮其修遠！

（十三）

在貧民地區爲要傳揚天主之大愛，在意大利可以向窮人派薄餅 pizza；若在中國，請派饅頭。同理，天主教之在中國，還需期待着我們：

（1）有個完全中國化的耶穌十字架受難聖像；
（2）有一本文字流暢容易讀得明白的中文《聖經》和《天主教教理》；
（3）大力發展高水平的中土化的天主教藝術，例如以聖言爲內容的書法，以聖經和中國聖教故事爲素材的國畫、陶瓷、雕塑等等。除了擺放在天主教教堂內，還須大力向社會大眾推廣；
（4）努力於華文寫作，刊行高質素的以中國福傳及華人傳道人爲題材的中國文學作品；
（5）祈求天主垂憐，多賜中國教會幾位類似奧古斯丁的有學有品清心寡慾生活刻苦廣受人們敬仰的有大智慧的華人神父大德。

願天主在文化上道成肉身的奧迹，也能在中土上得到成全。亞孟。

（二零零八年四月天主教徒眇人潘國鍵寫於加國多倫多市如心齋寓。時春雪消融，生機畢展。）

後記：

拙文今年三月稿成，四月初謄正，郵呈田英傑神父（Fr. Sergio Ticozzi）。不意神父竟是研究近代中國教會歷史的專家，非但同意國鍵所論中土化之觀點，且勉吾輩努力於茲。復賜以新作《剛恆毅對中國教會本位化及本地化的貢獻》（載《鼎》2008 年春季號第 28 卷總第 148 期，香港聖神研究中心）。恭讀之後，不免汗顏。原來中土化一事，剛恆毅樞機（Cardinal Celso Costantini,AD1876-

1958）在八十多年前已曾深入探討並且予以推行。國鍵井蛙，忙將剛樞機的大名，補入拙文（四）之內。

據田文，一九二七年剛樞機在中國成立「主徒會」，旨在培育中國籍神父，並「裝備他們在知識份子中間履行使徒工作」。剛樞機且又明言：「就傳揚天主教來說，至少該有一些中國神父具有高層社會所具備的文化素養。」而爲要推動教會「本位化」，他大力提倡中國人創作屬於中國本土文化的基督教藝術，且斬釘截鐵地指出：「西方藝術用在中國是一個錯誤。」故而建議：「在建築和裝飾聖堂及傳教士宿舍時，不但可採用外國的藝術風格，也應該盡量並且按時機使用中華民族的本土藝術風格。」凡此種種，竟與拙文所論，不謀而合。

剛樞機等人近半世紀的努力和奮鬬，雖則成效未彰，然而，值此剛樞機逝世五十周年紀念之際，國鍵在個人的信仰思索之中，無意間竟復舊話重提。其中因緣巧合之處，在國鍵來說，難免添了一點冥冥之中天主自有安排的奇妙的感覺。

不一日，又蒙聖堂鄧建衛神父與尹雅白神父賜覆，鼓勵國鍵發表拙文。尹神父且借予國畫大家劉彥斌與張和所作《聖藝畫集》（臺北輔仁大學，**1997**年），頓使國鍵大開眼界。原來聖教中國本位化之繪事，自二十世紀初葉陳緣督先生以降，非無承傳。益證國鍵所知，極其粗淺。尹神父且答允拙文面世之後，亦將爲文提供意見。神父們扶助後輩之熱忱，尤令國鍵感動也。遂爲之記。

（零八年五月初國鍵補誌於多城。）

有神父才會有教會？

有天主教教友煞有介事地說：「有神父才可以有彌撒、有聖體，才會有教會。沒有神父，根本上就沒有彌撒，就不能建立聖體聖事，就沒有教會。」「（教友）不可批評神父，要尊重愛護神父，神父是臣子，聖母會親自去教導他們。」（錄自多倫多市天主教中華殉道聖人堂舊網站默主哥耶欄分享錄音，**2007** 年 **8** 月 **17** 日，錄音第 **12** 分 **40** 秒及錄音第 **15** 分 **08** 秒開始兩段。）聽之不免大吃一驚。尤可驚者，主持神父與在座眾教友，竟無一人指出其非。並任由此說法上載教堂網站，公開流傳。

這個說法，很容易令人想起坊間經常拿來揶揄天主教的那一番似是而非的乖論：有人，才會有天主；沒有人，根本上就沒有天主。這種顛倒因果的「道理」，實發自人們的驕傲心，把自己看成是教會和天主存在的大前提。

沒有神父？別太擔心，天主自有安排。神父是尊榮可敬的。但，基督的聖體聖血和聖教會，又豈會因爲有神父某沒神父某而爲之改變甚或動搖？

事實是：有基督才會有教會，有教會才會有神父。而神父的尊榮，並不來自神父自己，實是來自他們所代表的聖教會和主基督。

近年有人天天強調聖神是聖母的淨配，試圖凸顯聖母和聖三有着某種親蜜的關係，模糊人神界綫，這正是魔鬼對新厄娃的試探。新厄娃的信德比犯原罪的厄娃強得多，必然不會上魔鬼的當。但追隨聖母的愚夫愚婦會不會，那就難說了。至於把神父的地位抬舉到教會之上，也是魔鬼對神父的一種誘惑。有神父上當麼？那要由教友自己觀察了。

靈性修養，祈禱之外，請多讀《聖經》。

差之毫釐，謬以千里

「信仰」與「迷信」一字之差，「崇敬(revere)聖母」與「敬拜(worship)聖母」，一念之轉，而相去十萬八千里。前者正道，後者邪門。

近讀多倫多市中華殉道聖人堂《堂區通訊》某教友大文，有結語云：「有人質疑瑪利亞怎可能既是耶穌的母親、又是祂的女人呢? 這正是天主聖三的奧秘：瑪利亞是聖父的愛女、聖子的慈母和聖神的淨配，所以天主既是她的父親、兒子、又是她的淨配。」（二零零八年五月十八日第二十期，頁八。）

此語奇妙之處，在於（1）聖母乃受造之物，竟可在造物主「聖三」內有了個「淨配」的位置；（2）人神本質完全不同，何以爲「配」？（3）聖嬰乃聖母自聖神「降孕」而生，精神上和肉軀上俱無婚姻之義，配從何來？（4）大聖約瑟是聖母的「淨配」，今忽然多了個天主爲其「淨配」，並歸之曰「聖三的奧秘」，果真奇之又奇。

伏請有德之士，有以教我。

偷換概念

末世文章，慎防偷換概念，曲解教義。

「聖三」是一個奧迹，「聖母是聖三救世工程的一個部份」，是另一個奧迹。將聖母此奧迹，說成是聖三彼奧迹，便近於偷換概念，誤導於人。

此種文章，在某堂區通訊中屢見。今同一教友又刊新作（見多倫多市中華殉道聖人堂《堂區通訊》，頁八，二零零八年五月廿五日第廿一期），余又不能不辯：

（一）教友新作認爲，「仇恨既然存在於女人和魔鬼之間，她一定能與牠抗衡，否則，她早已敗在牠的手裏」聖母有抗衡魔鬼的力量？聖經似乎沒說過。國鍵祇知道，抗衡魔鬼的力量，乃來自耶穌，來自天主。戰勝魔鬼的也是耶穌，不是聖母。聖母是個完全服從天主的僕人，論信德和天父的恩寵，人類無人可以居其上。可由於是人，她也要在聖神的光照和協助下，才能與魔鬼對抗。故此，我們若要與魔鬼爲敵，亦需先跟隨主基督。教友把聖經所載的「她的後裔要踏碎你的頭顱」，解讀成兒子有此能力，則母親亦一定有此能力。然則聖子乃天主全知全能，聖母因之亦一定全知全能了？夫之謂偷換概念。

（二）教友新作竟又認爲，「有人提出質疑，保祿宗徒說過：『所有的人都犯了罪』(羅馬書 3:23)，所以不接受瑪利亞從受孕開始及終其一生都沒有罪。其實，不是每一個人都犯了罪，讓我們看看發育尚未達理性和判斷能力的小孩子，理論上，他們不能犯罪，因爲犯罪需要理解的能力和犯罪的意圖，即如保祿宗徒論及雅各伯和厄撒烏還未出生時，『沒有行善或作惡』(羅馬書 9：11) 此外，保祿宗徒說所有人都犯了罪有一個很明顯的例外：耶穌是『沒有罪過的』(希伯來書 4:15)，既然保祿宗徒說所有人都犯了罪有『新亞當』(耶穌)這個例外，我們當然可以明認『新厄娃』(瑪利亞)是沒有罪過的……，所以保祿宗徒的說話，可以理解爲人的總稱，但並沒有挑出小孩子和特殊情況如耶穌和瑪利亞」云云，這又明顯是一個將原罪（Sin）和罪（Crime）两個不同概念混在一起，然後予以偷換的例子。人自母胎中便染有原罪，「我自出世便染上了罪惡，我的母親在罪惡中懷孕了我」（詠 51：7），所有的人都犯原罪，沒有選擇權。至於聖母無原罪和耶穌肉身無原罪這奧迹，是天主教信仰的重要部份，非人力所能認知，當然不能（也不應）放在「所有的人」這個語言概念來討論。而無原罪自然不會犯罪，不辯而明，何勞多費唇舌？惟此教友卻把保祿宗徒說的「所有的人都犯了罪」這個原罪看成是 crime，然後拿來討論聖母一生有沒有「犯罪」，真係奇怪得可以。正因保祿說的是原罪，所以經文的下一句是因此而人「都失掉了天主的光榮」（羅 3:23b），英文是「since all have sinned and fall short of the glory of God」，而當中絕不包括耶穌在內，亦不待言。此教友以之論耶穌聖母有沒有犯保祿所指的罪（原罪）之餘，復進一步指理論上小孩子也不能犯，可真箇莫名其妙。

此位教友崇敬聖母之熱誠，向來令人敬佩。他所說的，也不一定是出於他個人的意見。國鍵想說清楚的是：人們就算用盡一切的方法，寫上萬卷的文字，也無以擺脫聖母百份百是個人這不爭的事實。

其實，有關聖母的地位，在聖教會的歷史裏面，一向意見並不一致。讀一下天主教 Mariology（聖母學？）的發展歷史，或可窺其梗概。全方位大力推崇瑪利亞，是一八五四年教宗比約九世（Pope Pius IX）的事情，距今亦不過一百五十四年耳。

國鍵崇敬聖母，因爲聖母乃聖人中之至聖，是「信德最純正的實現者」（教理 149 條），她更有資格替人們代禱。這一點基督新教的朋友也許不同意。但是，若將聖母推向另一極端，脫離人的範疇，與「聖三」同列，也就大有問題了。

例如 **Francis Siu** 弟兄寄來聖母資料，內有今人 **Tommy Lane** 神父寫的一段文字：「**So we can say that the closer we are to Mary the closer we are to her Spouse, the Holy spirit, and the closer we are to God. Mary leads us to God and when we have Mary in our souls the Holy Spirit comes to us.**」大家便極須小心解讀。這種把聖母和聖神和天主，聖母和我們的靈魂連結一起的說法，一不留神，就會讓人產生一種通過聖母也可以得救的印象，這顯然不會是聖教會推崇聖母的本意。主耶穌說：「我是道路、真理、生命，除非經過我，誰也不能到父那裏去。」（若 **14:6**）耶穌有說過除祂以外，經過聖母也可以往天國得永生麼？有說過聖神降臨於人時，要靠聖母來做中介人麼？都沒有。

更令人憂心的是，人們會用偷換概念的方法，把 **Lane** 神父的說話解 讀爲「不親近聖母就不能親近天主」，誤導愚夫愚婦。這種類似昔日中共的「不愛護毛主席就是不愛護共產黨也就是不愛護新中國」的僞邏輯，極容易爲通往救恩的天國道路上人爲地加設個「親近聖母」的條件或欄杆，把基督所宣揚的智慧圓滿的至善而簡單的天國福音，爲了「虔敬聖母」，而給複雜化到艱深而難明，有些還達到了反知的地步。這對於福傳是得是失，可要由讀者自己來判斷了。

最後要重申的是，國鍵在這裏所討論的，祇是個「聖母是人不是神」的問題。至於千百年來聖教會努力研究的聖母在人類救恩史上當居何種尊貴地位這大問題，國鍵不是神學家或 **Mariology** 的專家，完全沒有資格去置喙。就說，也祇能是——— 一派胡言。

《聖母論》摘錄及按語

國鍵向來認為，聖母與天主，可以相提，但不可以並論。近讀神父提及的《聖母論》一書（天主教上海教區光啓社神學叢書之十五，一九九七年版），增益甚多。謹錄書中數端，誠供教友參考。於敬禮聖母該持何種態度一問題，或有俾益者焉。

（一）「本屆神聖大公會議……，更叮囑神學家與宣講聖道的人，在論及天主之母的特殊地位時，應該用心避免一切虛妄的誇大與心地的狹隘……信友們應當記得，真正的熱心既不在於一時的、空虛的感情衝動，也不在於一種毫無根據的輕信妄念，而是來自真純的信仰，由此信仰引領我們體認天主之母的卓越尊位，並激勵我們以兒女的孝心敬愛我們的母親，效 法她的德表。」

（二）「由於瑪利亞在救恩工程中的重要性，我們必須把她的地位和職務，放在正確的焦點上。所以首先，最重要的是別忘了她和我們一樣，是一個被救贖的人，她也是一個藉耶穌基督而得救的人。」

（三）「有時候，在我們的祈禱中，好像把聖母當作神，忘了她是被救的人，這也是新教人士對聖母和聖教會產生誤解的地方，甚至有人認為天主教是拜瑪利亞的。不過，無論如何，在我們的信仰中，聖母是一個藉耶穌基督獲救的人，但她的優越地位，也是來自她和基督的關係。」

（四）「當信友跪在聖母像前時，要知道自己所敬愛的，是一個現在在天國的歷史人物，她和天下的母親一樣，重視人類，照顧人類。」

（五）「在神學上，奧跡可以分為三大類，第一類是“自然奧跡”。奧跡與奇跡不同，奧跡可以是奇跡，奇跡不一定是奧跡。所謂“自然奧跡”是指自然界中，發生與天主的啓示及他的救贖計劃有關的事。第二類奧跡是與天主的自由意志有關的：這類奧跡不僅是天主救恩計劃的一部分，而且特別和天主的自由意志有關係。比方說：天主選了以色列民族，這個"選"的行動，實在是一個奧跡，因爲它不只和天主拯救人類的計劃有關，而且特別是來自天主的意願，是超過人的理智所能了解的，我們實在不明白，天主爲什麼選了弱小的以色列民族，來作他拯救人類的媒介，這是愛的奧秘，與天主的自由意志有關，所以說是與天主自由意志有關的奧跡。第三類奧跡是"永久的奧 跡"——一切的奧跡都必須有天主的啓示，人才能認識了解。不過，有些奧跡，即使天主啓示了，我們也無法完全明白，不但現世不能完全明白，將來在天上，也永久是一個奧秘。例如：三位一體的奧跡，它完全超出人的理智，雖然將來我們可以有更深的認識，不過，我們永遠不能完全揭開它的奧秘，這樣的奧跡就稱爲"永久 的奧跡"。聖母身上大部分的奧跡，特別與天主的自由意志有關的奧跡，都屬於第二類。例如：天主選了瑪利亞爲天主之母，以特殊的方式救贖了她……等等。」（國鍵按：所以，若把瑪利亞身上屬於第二類的奧迹，說成是第三類的永久奧迹，未見得合理。聖母是聖三救世工程的一部份，她不是聖三的一部份，這一點必須要分得清清楚楚，絲毫也不能含糊。）

（六）「我們先澄清一下，什麼是"聖母奧跡"？所謂"聖母奧跡"，並不是說聖母的整個存在奧跡，或說，她所有的言行舉止，都具有救恩的意義。而是說，在她身上，那些與天主的救贖計劃有特殊關係的事件，才可以稱爲"奧跡"。由此可見，聖母本身並不是奧跡，她身上所發生的事件之所以被稱爲奧跡，這是因爲天主的行動藉這些事件，強烈地進入聖母身上，使她成爲救贖史上不可磨滅的一環，而教會在信仰中，把她生命中的某些特殊事件，宣布爲信理。這些事件啓示了天主對人的愛和能力。今天我們敬禮聖母，主要是建基在這些教會肯定爲奧跡的事件上。如果這些奧跡由天主救贖計劃中刪除，那麼，聖母的敬禮也就失去了穩固的基礎。」

（七）「好，現在來看“聖母是教會典型”這個思想。這裡說的“典型”是一種象徵，在象徵中我們意會到聖母身上的美，不是用分析的方法，只是以藝術的方式表達出來。所以，教會稱瑪利亞是她的“典型” ，意思是天主經過完美人性的瑪利亞，通過自己的美，同樣的，天主也要經過教會，通傳自己的美。事實上，如果我們研究梵二大公會議文件的話，更令我們肯定天主藉瑪利亞生命中的奧跡，啓示給我們的是天主美的一面。」

（八）「把瑪利亞放在和耶穌同等的地位，這樣不是有偏差嗎？是啊！而且，根據這個出發點，神學家們便層層推測，肯定了瑪利亞的一切特殊恩典。比方說：聖母的知識問題，有人根據聖母領報而推論說，瑪利亞當時就清楚知道，自己懷孕的是天主子，在信仰中已經知曉聖三的道理。事實上，教會是在耶穌基督復活的光照下，逐漸澄清對耶穌的信仰，因此，實在很難肯定瑪利亞在領報的時候，就知道聖三的道理。總之，基督學方面的聖母學，有時會顯得誇大，缺少聖經基礎。教會學的角度正好相反，這種傾向是把瑪利亞的地位，降到人間，認爲教會是被救贖的團體，而瑪利亞是人中最完美的被救贖者，是教會的典型。」（國鍵按：所以，把聖母提昇至聖三的層面，這似乎不會是聖教會的立場。請參下面摘錄第十條。）

（九）「現在來看第八章的內容：第八章的內容標題是“論基督及教會奧跡中的天主之母榮福童貞瑪利亞。”內容可分爲四段，下面我們簡單地介紹每段的中心思想……。第三段是 **60-65** 號，這一段是說聖母藉信、望、愛之德，參與了天主的救贖工程，她是教會的典範。同時強調，我們必須在“耶穌基督爲人類唯一中保及救主”的原則下，來看聖母的地位。第四段是 **66-69** 號，本段主要是討論聖母的敬禮。“天主之母”是敬禮聖母的基礎，而敬禮聖母和敬禮耶穌基督在本質上有分別。」

（十）「第八章關於聖母的訓導有五點……，第二個教導是聖母與教會的關係。聖母並不是在教會之外，而是在教會內，成爲教會的典型和模範。教會不僅要學習聖母的諸項德行，在宗教精神方面，聖母也是教會的楷模。這在 65 號可以看到。第四點是關於聖母敬禮。文件中，不但不貶抑對聖母的敬禮，反而願意加強信徒對聖母的敬禮和孝愛。可是，大會特別提醒人，敬禮聖母應該避免一切膚淺的孝愛，更好是在禮儀形式中進行。同時，大會也勸勉信友不要走向兩個極端：一種是對聖母過於誇大；另一種是絕口不提聖母。最後大會認爲，對於聖母的宣講和敬禮，都應該經常回到聖經的啓示和教父的傳承中，找到基礎根據。」（國鍵按：傳揚天主聖道，要據聖經的啓示和教父的傳承爲基礎，這是極之重要的。）

（十一）「這樣，教會也就分享瑪利亞爲“教會之母”的母性了，也就是說，教會母性的特質是由瑪利亞而來的。因此，我們更可以肯定瑪利亞與教會的關係。正如聖奧思定所說的：“瑪利亞是教會的一部分，是一個神聖的成員，是首要和優異的成員；不過，無論如何，她仍然是整個教會的一員。”梵二大公會議的教會憲章第八 章，63-64 號論到瑪利亞爲“教會的典型”時，是這樣說的：“榮福童貞以其和聖子救主相契，而身爲天主之母的這一恩賜和職分，又以其特別享有的恩寵及職分，和教會有密切聯繫，天主的母親，因其信德、愛德及與基督完美結合的理由，是教會的典型。”並說：“教會默觀聖母深奧的聖德、仿效她的愛德，藉著忠實承受於天主的聖道，實踐聖父的旨意，教會自己也變成了母親；教會也是童貞，因爲教會純潔完整地保存著對基督淨配的忠誠，教會並效法其主的母親，靠聖神的能力忠貞地保持完整的信仰、堅固的希望、誠摯的愛情。”接著在 65 號中又講了聖母的德行是教會的模範，鼓勵信友以孝愛的心情思念她，在聖言光照下靜觀她，在一切事上追求父的旨意，在牧靈工作上懷著相同的母愛。」

（國鍵按：此條末句，乃引教會憲章第 65 條，原文是：「教會以孝愛的心情思念她：在降生成人的聖言光輝照耀下靜觀她，以虔敬的心情深入於聖言降生的崇高奧蹟中，並日益肖似其淨配基督。」句中「其淨配基督」這個代詞

「其」字，是指聖母還是教會，它要傳達的意思是很不相同的。如果解作「並日益肖似聖母的淨配基督」，那近年聖神是聖母的「淨配」一說，就或多或少在傳承上有了某些依據。若作「並日益肖似教會的淨配基督」來解讀，那道理可大不相同了。私意認爲，第一，《聖母論》全書無一語說及聖神是聖母的淨配，而引文又省去「並日益肖似其淨配基督」一語；第二，「其淨配基督」一譯語在《憲章》中，「其」字通常都是教會的代詞；第三，「並日益肖似其淨配基督」一語，亦可依隨主句「教會以孝愛的心情思念她」裏面「教會」這個主詞來解讀；第四，此原句中之「其淨配基督」，除了英文譯本作「**her Spouse**」之外，若將《憲章》義大利文、德文、葡文、西班牙文、法文版本裏面同一句子，試用電腦軟件譯爲英文，則祇作「**its Spouse**」、「**their Bridegroom**」、「**its Husband**」、「**their Husband**」，全都直指教會。「其」究何指，仍待澄清。）

（十二）「有時，有人因爲我們敬禮聖母的方式突出，而認爲我們是“瑪利亞教”，甚至作爲天主教和基督教個教派區別的特徵。雖然我們天主教友自己知道並不是這樣，但我們還是要必須注意前面說過的，崇拜天主的禮儀和敬禮聖母是不同的，我們並沒有也絕不能把聖母當作天主來崇拜。我們之所以恭敬聖母，爲是（的？）是“經由聖母，到達耶穌”，耶穌確實仍然是天人之間唯一的中保。在這樣的原則下，恭敬聖母永不嫌多。何況，在敬禮中，經常默想聖母的言行，久而久之會被她感化，而更信賴、更愛慕天主。」（國鍵按：讀“經由聖母，到達耶穌”一語前，宜先牢記，主耶穌說：「我是道路、真理、生命，除非經過我，誰也不能到父那裏去。」（若 **14:6**））

摘錄中之按語，不過陋學國鍵一得之愚，未必正見，僅供主內弟兄姊妹參考而已。祈願聖母人之慈光，廣披華夏；天主神之大愛，救我炎黃。亞孟。

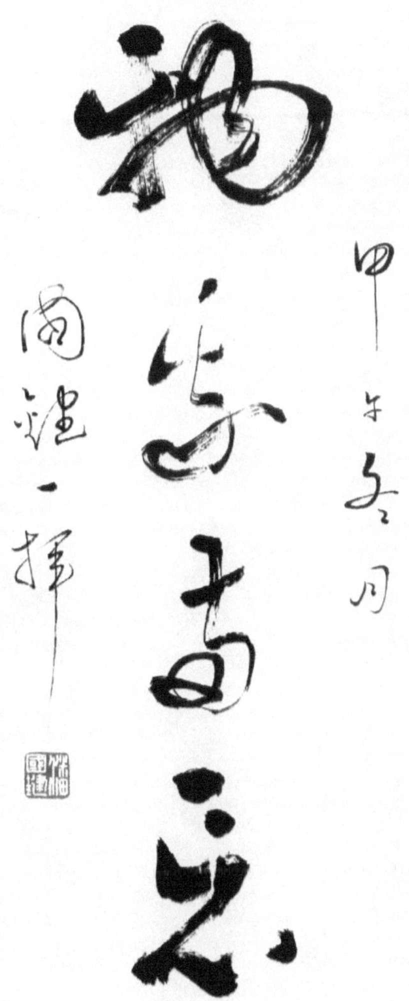